AF221570

Europas

rote

Gespenster

Band 1

Biografische Skizzen

Hein Paler

Band1: Friedrich Engels – Der kreative Schatten

Europas rote Gespenster

Band 1

Friedrich Engels -

Der kreative Schatten

Biografische Skizze

Hein Paler

Impressum

Bibliografische Information der Deutschen

Nationalbibliothek:

Die Deutsche Nationalbibliothek verzeichnet diese
Publikation in der Deutschen Nationalbibliografie;

detaillierte bibliografische Daten sind im Internet
über

http://bnb.bnb.de abrufbar.

© 2021 Hein Paler

Herstellung und Verlag: BoD – Books on Demand

Norderstedt

ISBN: 9 783752 832730

Hinweise zu Klammern und Anführungszeichen

[ ] und { }	Hinweise des Autors
„ "	Zitat oder Buchtitel
′ `	Wörtliche Rede innerhalb eines Zitats
( )	Der/die VerfasserIn des Zitats setzte die Klammer
(...)	Textstelle wurde gekürzt

Literatur zum Thema

Hunt, Tristram: Friedrich Engels, Berlin 2017

Jones, Gareth Stedman: Karl Marx, Frankfurt a.M. 2017

Enzensberger, Hans Magnus (Hrsg.): Gespräche mit Marx und Engels, Band 1 und Band 2, Frankfurt a.M. 1973

Schubert, Käte (Hrsg.), Heiteres und Bissiges von Marx und Engels, Berlin (Ost) 1987

Die Rechtschreibung der Zitate   wurde nicht verändert.

Währungsangaben

entsprechen grob dem Wert von 2010.

Inhalt

1   1789 - 1849   [S. 11 – S. 71]

2   1850 – 1895   [S. 72 – S. 157]

3 Nach dem Tod... [S. 158 – S. 164]

DATEN   1789 – 1849   I

Friedrich Engels wird in ein Westeuropa geboren, das sich in Umbrüchen befindet.

1789 Die <u>Französische Revolution</u>: Das Feudalsystem wird durch die bürgerliche Gesellschaft abgelöst.

1793/4 Die <u>Terrorphase</u> der Französischen Revolution lässt eine Reihe ihrer Anhänger zu verschreckten Gegnern werden.

1799 übernimmt Napoleon Bonaparte die Herrschaft in Frankreich und bestimmt in den folgenden Jahren die Politik in Kontinentaleuropa. Mit dem <u>Code Napoleon</u> gelten für alle Bürger die gleichen Gesetze.

1806 wird <u>Preußen</u> von Frankreich vernichtend geschlagen. Die preußischen Reformen werden eingeleitet: Ende der Leibeigenschaft, Auflösung der Zünfte, Wahl von Stadträten, Wehrpflicht, jeder kann Offizier werden, Gründung von Universitäten...

1800 - 1900   In den Augen vieler Europäer verlieren die [noch bestehenden] Dynastien an Bedeutung. In vielen Ländern entwickelt sich <u>National-bewusstsein</u>.

1815   Nach dem Sieg über Napoleon beginnt die <u>Restauration</u>. Dynastische Herrschaftsstrukturen bleiben bestimmend. Dagegen regt sich in Griechenland [gegen die Osmanen, 1821-1830, erfolgreich] und Polen [z.B. gegen die Russen 1830/31, erfolglos] nationaler Widerstand.

Auch viele Deutsche wollen ein vereintes Deutschland, zumindest Verfassungen und Parlamente, und <u>Republikaner</u> fordern Staatssysteme ohne Monarchen.

11

1819 Karlsbader Beschlüsse: Maßnahmen gegen „dema-
      gogische Umtriebe", Verbot der Burschen
      schaften…

1823   USA: <u>Monroedoktrin</u> [Europa darf sich nicht im
         Erdteil Amerika einmischen.]

1830   <u>Revolutionäre Erschütterungen</u>: In Frankreich
         flieht König Karl X. [ein Bourbone] und wird vom
         bürgerlichen Julikönig Louis Philippe [aus dem
         Haus Orleans] abgelöst.
         Belgien löst sich von den Niederlanden.

1840-42 China: Erster <u>Opiumkrieg</u>

Daten Friedrich Engels I

[28. Nov. 1820 - 5. Aug. 1895]

1820   Geburt in Barmen als das älteste von neun Kindern [Er hat vier Schwestern und vier Brüder.
Barmen ist erst seit 1929 ein Stadtteil Wuppertals, das
seit 1930 so heißt.]

Mutter: Elisabeth Engels, geb. van Haar,
11.11.1799 - 12.12.1873
Vater: Friedrich Engels sen., Unternehmer,
12. 5. 1796 - 20. 3. 1860

1834-1837   Besuch des Gymnasiums in Elberfeld

1837/8   Kaufmännische Ausbildung in Barmen

1838-1841   Kaufmännische Ausbildung in Bremen,
"Briefe aus dem Wuppertal"

1841/2   Militärdienst in Berlin
[Garde Fußartillerie Regiment] - Besuch von
Vorlesungen an der Universität, Kontakte zu
Linkshegelianern

1842   Nov. Begegnungen mit Marx [in Köln, folgenlos]
und Moses Heß [wichtig]

1842-44   Ausbildung in England [Ermen & Engels,
Manchester]

13

1848   Revolutionen in Westeuropa
        [Ausnahme England].
        In Deutschland wird eine Nationalversammlung
        gewählt. Sie tritt in Frankfurt a.M. [Paulskirche]
        zusammen.

1849   scheitert die deutsche Nationalversammlung und
        wird gewaltsam aufgelöst. Einzelne Aufstände
        radikaler revolutionärer Gruppen scheitern.

Während dieser Periode wächst die Schicht der [oft ungelernten]
Industriearbeiter. Sollen diese [vielfach Analphabeten, mit mini-
maler Schulbildung] künftig eine Rolle bei der politischen Willens-
bildung spielen? In England setzen sich die *Chartisten* in den
1830er/40er Jahren für das allgemeine Wahlrecht ein.

Daten Friedrich Engels II

1842-44   Ausbildung in England
[Ermen & Engels, Manchester]

1844   *"Umrisse zu einer Kritik der Nationalökonomie"*
[veröffentlicht in den Deutsch-Französischen Jahrbüchern]

1844   [28.8.-6.9.] Beginn der lebenslangen Freundschaft mit Karl Marx [Paris]

1845   *"Die Lage der arbeitenden Klasse in England"*,
Reise mit Marx nach London und Manchester [Juli/August], *"Die heilige Familie..."* [mit Marx]

1846   *"Die deutsche Ideologie"* [mit Marx]

1847   Juni und Nov./Dez.: Kongresse des *Bundes der Kommunisten* in London

1848   *"Manifest der Kommunistischen Partei"*,
Unter Bezug auf Engels´ Entwürfe schreibt Marx den endgültigen Text.

Engels als Revolutionär in Paris und Köln, Mitarbeit in der *Neuen Rheinischen Zeitung.*

Vierwöchige Wanderung durch Frankreich und die Schweiz

1849   Aktive Teilnahme an Aufständen in Elberfeld und Süddeutschland, Flucht in die Schweiz, Weiterreise zu Marx nach London

1.1 Friedrich Engels -
ein Champagnersozialist?

Kann ein Millionär gleichzeitig Sozialist sein?

Darf ein Sozialist gleichzeitig Millionär sein?

Kann und darf ein Sozialist
- ein ganzes Portfolio von Aktien besitzen,
- in komfortablen Wohnungen und Häusern leben,
- Mitarbeiter entlassen
- und regelmäßig Champagner schlürfen?
So wie Friedrich Engels? War dieser Mann wirklich ein Sozialist? Engels stammte aus einer erfolgreichen Unternehmerfamilie. Fast sein ganzes Leben lang praktizierte er einen großbürgerlichen Lebensstil.

Gleichzeitig trat er zusammen mit Karl Marx für eine Revolution ein: den Kampf des Proletariats für die Abschaffung des Privateigentums und eine zukünftige klassenlose Gesellschaft. Engels selbst aber hatte Hausangestellte, nahm mit einem eigenen Reitpferd an Fuchsjagden in England teil, mietete in Manchester eine zweite Wohnung für seine Geliebte und gönnte sich 1888 einen mehrwöchigen Urlaub in den USA.

Zählte Friedrich Engels also zur großen Menge jener Propheten, die Wasser verkündeten und selbst Wein tranken? Als er 1895 starb, hinterließ außer zwei Millionen englischen Pfund auch über 150 Flaschen

Champagner. In den Augen vieler Kritiker war Engels nichts als ein Salonsozialist. Zwar setzte er sich mit Marx für die wissenschaftliche Fundierung des Sozialismus ein. Aber möglicherweise war das nur eine Laune oder ein Zufall. Unter anderen Bedingungen hätte seine Energien (und sein Geld) vielleicht in das Anlegen eines Landschaftsparks gesteckt.

Andere sehen in Engels einen hundertprozentigen Sozialisten. Denn Engels riskierte 1849 seine Freiheit und sein Leben: Als Freischärler kämpfte er in Deutschland für die Revolution. Im Gegensatz zu ihm hatten viele Abgeordnete der Deutschen Nationalversammlung in Frankfurt a.M. "brav" ihre Koffer gepackt und waren nach Hause gefahren. Zudem engagierte Friedrich Engels bis zum Ende seines Lebens viel Geld, Zeit und Energie in die Entwicklung der sozialistischen Bewegung.

Sein Freund Karl Marx konnte sich nur deshalb auf das Schreiben seines Hauptwerks *"Das Kapital"* konzentrieren, weil Engels ihn mit großzügigen Zahlungen unterstützte. Um das überhaupt leisten zu können, musste Engels in die ihm verhasste Rolle eines Unternehmers schlüpfen. Letztlich verzichtete er sogar auf das Verfassen eigener Werke, um Marx´ Werke herauszugeben. Festzuhalten bleibt: Friedrich Engels kannte und nutzte die Spielregeln des Kapitalismus. Im Gegensatz zu Karl Marx konnte er mit Geld umgehen und verwaltete sein Vermögen sehr geschickt.

Als 20-Jähriger formulierte Friedrich Engels sein Lebensprogramm, in dem es noch nicht um Politik oder Sozialismus ging. *"Die Alten klagen zwar* *entsetzlich über die Jugend, [...] laßt sie aber nur ihre eigenen Wege gehen, sie wird sich schon zurechtfinden [...] Wer sich scheut vor dem dichten Walde, in dem der Palast der Idee steht, wer sich nicht durchhaut mit dem Schwerte und küssend die schlafende Königstochter weckt, der ist ihrer und ihres Reiches nicht wert, der mag hingehen, Landpastor, Kaufmann, Assessor oder, was er sonst will, werden, ein Weib nehmen, Kinder zeugen in aller Gottseligkeit und Ehrbarkeit, **aber das Jahrhundert erkennt ihn nicht als seinen Sohn an.***"

1820 geboren, sieht Engels das 19. Jahrhundert, sein Jahrhundert, als den Anbruch einer neuen Zeit. Es genügt nicht, das Alte zu bewahren. Die Menschheit braucht neue Horizonte. Engels will sich bis zum *Palast der Idee* durchkämpfen.

1.2 Barmen und die Familie Engels

Friedrich Engels wird am 28. November 1820 in der sich rasant entwickelnden Stadt Barmen geboren. Der Nachbarort Elberfeld besitzt schon seit 1610 Stadtrechte, Barmen erst seit 1808. [Die Großstadt Wuppertal gibt es erst seit 1930, nachdem 1929 Barmen, Elberfeld und andere Orte zusammengelegt wurden.]

18

Beide Gemeinden liegen im *Bergischen Land*. Das ist kein geographischer Begriff. Zwar erklären die Bewohner des *Bergischen Landes* Besuchern gerne augenzwinkernd, in ihrer Heimat gehe es entweder bergauf oder es regne. Doch der Name *Bergisches Land* leitet sich von den *Grafen von Berg* ab, denen das Gebiet bis 1255 gehörte. Nach deren Aussterben wechseln die Herrscherhäuser oft.

Das *Bergische Land* gehört unter anderem zu Jülich, Kleve, Pfalz-Neuburg, Kurpfalz, Bayern und schließlich ab 1815 zu Preußen. Bei allen Wechseln bleibt die Bezeichnung *Bergisches Land* bis in die Gegenwart bestehen.

Die Orte an der Wupper entwickeln sich in der ersten Hälfte des 19. Jahrhunderts zu einem deutschen Manchester. Das kalkfreie Wasser dort eignet sich ideal zum Bleichen von Flachsfasern, die unterschiedlich weiterverarbeitet werden können. Die Wucht der Industrialisierung verändert sowohl die Landschaft als auch die Arbeit und das Leben der Menschen. Barmens Einwohnerzahl steigt im 19. Jahrhundert grob um das Zwölffache:

[Jahr, Einwohner -aufgerundet-]

1800:	12.000;	1819:	19.500;
1831:	24.300;	1840:	30.800;
1849:	36.000;	1861:	50.000;
1900:	141.000		

Die meisten Einwohner finden Arbeit als Weber, ein kleinerer Teil als Spinner und Färber. Engels selbst hat die Wupper als schmalen Fluss zwischen rauchigen Fabrikgebäuden beschrieben, dessen hochrote Farbe von den vielen Türkischrot-Färbereien herrührt. Auf die Umwelt wird keine Rücksicht genommen. An manchen Tagen ergänzen sich ungünstige Faktoren, und beißender Fabrikgeruch führt zu brennenden Augen und sogar Nasenbluten.

Die reiche Unternehmerfamilie Engels lebt in keinem abgesonderten Viertel, sondern mitten in der Stadt Barmen. Ihre eleganten Häuser befinden sich neben den eigenen Fabriken und Bleichplätzen. Jeden Tag verhandeln die Mitglieder der Familie Engels mit Kaufleuten, Fabrikanten, Handwerkern und Arbeitern.
Ihre Kinder kommen mit allen Berufsgruppen in Berührung und wachsen so ohne Standesdünkel auf. Friedrich Engels wird sich sein ganzes Leben lang problemlos mit Leuten aus den unterschiedlichsten Schichten unterhalten können.

Innerhalb von drei Generationen hatte sich die Familie Engels zu einer der bedeutendsten Barmer Familien hochgearbeitet. Der Urgroßvater siedelte sich dort an, angeblich mit nur 25 Talern Besitz. Schon der Großvater gehört zum Stadtrat. Calvinistisch geprägte Unternehmer wie die Familie Engels sehen sich durch ihre Erfolge als von Gott gesegnet und auserwählt an.

Engels´ Vater, Friedrich Engels sen. wird später beklagen: *"Mein Vater hat in Barmen die evangelische Gemeinde erst gestiftet, ich habe eine*

Kirche gebaut, und mein Sohn reißt sie nieder."
Barmen ist protestantisch, viele Einwohner sind vom Pietismus geprägt. Dieser Glaube ist tief, emotional und geprägt von einem persönlichen Bezug zu Christus.
Friedrich Engels wird später Parallelen ziehen zwischen diesem Glauben und dem starken Alkoholkonsum in Barmen. Glauben und Alkoholismus erklärt er als Flucht vor den brutalen Arbeits- und Alltagsbedingungen dort.

1.3   1837

In das Jahr 1837 fallen für den Unternehmer Friedrich Engels sen. und für seinen ältesten Sohn Friedrich Entscheidungen mit weitreichenden Folgen. Friedrich Engels sen. und seine Brüder Caspar und August führen das Familienunternehmen Engels gemeinsam. Doch sie verfolgen unterschiedliche Konzepte zur Führung der Firma und Gestaltung der Geschäfte, und die Probleme der 1830er Jahre verlangen Einigkeit bei unternehmerischen Risiken.

Zum Wohl von Firma und Familie lassen sie das Los entscheiden. Entweder Friedrich sen. wird die Firma Engels allein weiterführen oder Caspar und August zu zweit. Das Los fällt auf Caspar und Ausgust. Friedrich Engels sen. erhält zwar eine ordentliche Geldsumme, muss aber eine neue Grundlage für die Existenz seiner elfköpfigen Familie finden. Außer Friedrich haben Elisabeth und Friedrich Engels sen. diese Kinder:

Hermann (1822-1905), Marie (1824 -1901),

Anna (1825-1853), Emil (1828-1884),

Hedwig (1830-1904), Rudolf (1831-1903),

Wilhelm (1832-1833), Elise (1834-1912).

Friedrich Engels sen. findet zwei Partner: die niederländischen Brüder Gottfried und Peter Ermen. Gemeinsam gründen sie die Firma *Ermen & Engels*. Die produziert nicht nur mit Flachs, sondern auch mit Baumwolle.
Anfangs in Manchester, und bereits vier Jahre später hat Ermen & Engels auch Nähgarnfabriken in Barmen und Engelskirchen. Bis zum Ende seines Lebens beweist sich Friedrich Engels sen. als cleverer und durchsetzungsfähiger Unternehmer.

1837 gerät auch das Leben des 16-jährigen Gymnasiasten Friedrich Engels aus der Bahn.

Er besucht das Elberfelder Gymnasium, eines der besten in Preußen. Ein Jahr vor dem Abitur träumt er davon, nach der Schule Jura zu studieren und in den Staatsdienst zu gehen. Vielleicht kann er auch Schriftsteller werden?

Doch aus seinen Plänen wird nichts. Abrupt nimmt ihn sein Vater aus der Schule und steckt seinen

Ältesten in eine Ausbildung zum Kaufmann. Ein Jahr lang lernt er im Familienunternehmen in Barmen. 1838 brechen Vater und Sohn zu einer Geschäftsreise nach Manchester und London auf, bei der der Vater die dortige Startphase von *Ermen & Engels* kontrolliert. Auf dem Rückweg wird in Bremen vereinbart, dass der jetzt 17-Jährige Friedrich Engels seine Ausbildung im Kontor des Handelshauses von Heinrich Leupold fortsetzten wird.

1.4   Friedrich Engels betet
Bremen, 1838-1841

"Ich bete täglich, ja fast den ganzen Tag um Wahrheit [...]", schreibt der 18-jährige Friedrich Engels aus Bremen seinem ehemaligen Klassenkameraden Friedrich Graeber, der später Gemeindepfarrer werden will. *"Du liegst freilich behaglich in Deinem Glauben wie im warmen Bett und kennst den Kampf nicht [...]."* Friedrich Engels zweifelt, aber er wirft seinen christlichen Glauben nicht mit einem einzigen Entschluss über Bord. Sein Weg in den Atheismus erfolgt schrittweise. Genauso wird er auch nicht von einem Tag zum anderen Kommunist.

Sein Leben verläuft weder in sturer und vorhersagbarer Linearität, noch in ständigem oder gar verzweifeltem Verirren in Labyrinthen.

Kindheit und frühe Jugend sind vom Glauben der Eltern geprägt. Die sind überzeugte Christen. Als 1845 in Westeuropa zu wenige Kartoffeln wachsen, kommentiert Friedrich Engels sen. das so: *"Es ist, als wenn Gott in dieser gottvergessenen Zeit den Menschen zeigen wollte, wie abhängig sie von Ihm und wie sehr in Seiner Hand sie sind."*

Die Familie Engels kann zu den Pietisten gezählt werden. Der Glaube dieser protestantischen Bewegung hat sich in der Lebenspraxis zu äußern: Alle Gläubigen haben die Bibel zu kennen, sind zum Priestertum der Laien berufen, üben ihren Glauben intensiv und persönlich aus.

Die Predigten vieler pietistischer Pfarrer sind weder sachlich noch ausgewogen. Sie wühlen die Emotionen ihrer Zuhörerinnen und Zuhörer auf. Gerne gehört wird der Prediger Friedrich Wilhelm Krummacher. Wenn er redet, wird die Kanzel zur Bühne. Er dreht sich in alle Richtungen, stampft mit dem Fuß auf, schreit so laut, dass Passanten außerhalb der Kirche zusammenzucken. Dieser Art von Verkündigung steht Familie Engels reserviert gegenüber.

Friedrich Engels erhält aber nicht nur religiöse Anregungen. Sein Großvater van Haar führt ihn in die Welt der griechischen Sagen ein, Vater Friedrich sen. beherrscht mehrere Musikinstrumente. Gegen alles, was in Barmen sittsam ist, schenkt seine Mutter ihm ein Buch von Goethe. Der steht in Barmen in keinem Bücherschrank. Schließlich ist Goethe ist kein Christ!

In der Schule wird erkannt, wie leicht es Engels fällt, Sprachen zu lernen. Später wird mit einer Mischung aus Häme und Respekt in sozialistischen Kreisen oft gesagt: 'Engels stottert in zwanzig Sprachen."

Häme, denn Engels kann ins Stottern geraten, wenn er sich sehr aufregt; Respekt, denn Engels spricht außer Deutsch fließend Englisch, Französisch, Italienisch, Spanisch, Portugiesisch, Russisch, ... und er korrespondiert in diesen Sprachen.

Während seiner Ausbildung in Bremen tritt er in die Singakademie ein, um seine Baritonstimme zu pflegen. Ab 1838 muss er sich im Bremer Handelshaus Leupold mit Warenströmen, Zollvorschriften, Währungen und Korrespondenz befassen. So erhält er Einblicke in die Praxis des Fernhandels.
Sein Vater sieht sich allerdings gezwungen, den jungen Friedrich ermahnen, doch bitte etwas mehr Eifer zu zeigen. Unbekümmert schreibt Friedrich Engels seiner Schwester Marie, im Büro werde ganz offen Bier getrunken. Im nächsten Brief berichtet er über eine besondere Maßnahme zur Verbesserung des Betriebsklimas: Man könne jetzt nach dem Mittagessen zwei Hängematten nutzen, um zu rauchen, zu schaukeln oder kurz zu schlafen.

Außerhalb der Arbeit probiert er sich aus. *"Zwei Duelle hab´ ich hier in den letzten vier Wochen gehabt [...] mit dem zweiten hab´ ich mich gestern geschlagen und ihm einen famosen Abschiss über die Stirn beigebracht, so recht von oben herunter, eine ausgezeichnete Prime",* teilt er Friedrich Graeber 1841 mit. [Übrigens wollte sich auch Karl Marx als Student duellieren.]

Engels übt sich nicht nur im Fechten, er reitet, er schwimmt, er lernt tanzen. Er liest viel, besucht Konzerte und wird von Damen bewundert. Denn Friedrich Engels achtet auf sein Aussehen, ist fast 1,80m groß, freundlich, hat dunkles, glattes Haar und seine klaren Augen strahlen aus einem noch kindlich wirkenden Gesicht.

Um nicht zu jungenhaft zu wirken, lässt er sich einen Bart wachsen. Er berichtet seiner Schwester Marie: *"In der Singakademie war ich der einzige mit einem Schnurrbart und hab´ mich über die Philister amüsiert, die sich gar nicht genug wunderten, dass ich die Frechheit haben konnte, so unrasiert in die anständige Gesellschaft zu gehen. Den Damen hat´s übrigens doch sehr gefallen. [...] Das Schönste ist, vor einem Vierteljahr kannte mich kein Mensch hier und jetzt kennt mich alle Welt, bloß wegen dem Schnurrbart."*

Das Tragen eines Bartes ist zur Zeit der Restauration und der Karlsbader Beschlüsse mehr als eine Frage modischen Geschmacks. Zeitungen werden zensiert, Forderungen nach Verfassungen oder nationaler Einheit unterdrückt, politische Versammlungen sind untersagt. Unter solchen Umständen kann sich das Tragen bestimmter Kleidungsstücke mit politischen Haltungen verbinden. Ebenso die Bewunderung von Komponisten. Nicht zufällig hört Engels in Beethovens Schicksalssinfonie [5. Sinfonie] den *"Posaunenwirbel der Freiheit."* Seinen Geldbeutel lässt er in den Farben Schwarz-Rot-Gold besticken.

Auch als Bartträger setzt Engels politische Zeichen. [In Bayern ist zur gleichen Zeit das Tragen von Schnurrbärten verboten.] Engels begeistert sich für die Schriftsteller des *Jungen Deutschland,* zu denen Ludwig Börne und Heinrich Heine gehören. Diese haben kein festes politisches Programm. Sie wollen anders schreiben als die Romantik [Eichendorff, E.T.A. Hoffmann...], wollen Meinungsfreiheit und realistische Themen anstelle solcher, die sich mit der Natur oder der Vergangenheit befassen. 1839 fasst Friedrich Engels seine politischen Vorstellungen so zusammen: *"die Teilnahme des Volks an der Staatsverwaltung, also das Konstitutionelle, ferner die Judenemanzipation, Abschaffung allen Religionszwanges, aller Adelsaristokratie etc. Wer kann was dagegen haben?"* In der deutschen Kleinstaaterei, in der die Fürsten nicht einmal eine Verfassung gewähren, liegt nach Engels´ Auffassung nicht die Zukunft des 19. Jahrhunderts.

Der junge Friedrich Engels versucht, seinen christlichen Glauben an die Ideen des Jungen Deutschland anzupassen. Ihn zieht die Theologie Friedrich Schleiermachers an. Der dozierte von 1810 bis 1834 Theologie und Philosophie an der Berliner Universität, befasste sich auch mit Pädagogik und Ethik und übersetzte Werke Platons.

Schleiermacher erklärt, dass Christus durch den Heiligen Geist über die Gemeinde auf den Einzelnen wirkt. Seine Theologie lässt die Aufklärung hinter sich, die sich allein auf den Verstand bezog. Glaube sei kein sich Einfügen in vorgegebene Formen, sondern ein Entdecken. Nicht die haben Glauben, die sich an die Vorgaben einer "Heiligen Schrift" halten, sondern die, die eine "Heilige Schrift" schreiben können. Jeder Mensch habe Sinn und Geschmack für das Unendliche. Engels fühlt sich Schleiermachers Verständnis von Religion mehr verbunden als dem in Barmen gepredigten Glauben an "Höllenfeuer" oder "ewige Verdammnis".

Seine endgültige Abkehr vom christlichen Glauben beginnt mit der Lektüre von David Friedrich Strauß´ Buch *"Das Leben Jesu, kritisch bearbeitet."* Für Strauß sind die Texte der Bibel keine heilige Offenbarung, sondern zeitgebunden und damit Ausdruck historischer Entwicklungsstufen.
Die Figur "Christus" sollte im 19. Jahrhundert als eine "Idee der Menschlichkeit" verstanden werden. Die Epoche des Christentums sei vorbei. Hegels Philosophie als höhere spirituelle Entwicklungsstufe

entspreche dem neuen naturwissenschaftlichen Zeitalter. Friedrich Engels beschließt nach dieser Lektüre, *Hegel* "*bei einem Glase Punsch*" zu studieren.

Mit all diesen Aktivitäten ist Engels immer noch nicht ausgelastet. Er versucht sich als Dramatiker [über die germanische Mythengestalt Siegfried] und Lyriker. Erste Erfolge hat er schließlich mit jour-nalistischen Texten. Wobei Engels nur das schreiben konnte, was die Zensur zuließ. Das waren Texte über Literatur, kulturelles Leben und auch Reiseberichte. Engels merkt 19-jährig zum Thema Zensur an: *"Übrigens lasse ich mich durch die Zensur nicht abhalten, frei zu schreiben; mag sie hintennach streichen, soviel sie will, ich begeh´ keinen Kinder-mord an meinen Gedanken. Unangenehm sind solche Zensurstriche immer, aber auch ehrenvoll, ein Autor, der dreißig Jahre alt wird oder drei Bücher schreibt ohne Zensurstriche, ist nichts wert."*

Allerdings zensiert Engels seine Texte an einer wichtigen Stelle selbst. Denn er lässt sie unter dem Pseudonym *Friedrich Oswald* veröffentlichen. So geht er Problemen mit seiner Familie und seinem Arbeitgeber aus dem Wege.

Großes Echo finden 1839 Friedrich Oswalds *"Briefe aus dem Wuppertal"*. Er berichtet über Weber und Fabrikarbeiter, die in Räumen arbeiten, in denen es mehr Staub als Sauerstoff gibt; über das Lumpen-proletariat, das keine festen Arbeitsstellen hat und keine Wohnungen, sondern in Ställen und Schuppen hausen muss; über die Gerber im Wuppertal, von den 60% an den Folgen ihres Alkoholkonsums sterben. Barmer und Elberfelder geraten in helle Aufregung.

Wer stellt die Städte an der Wupper so negativ dar, hat Pfarrer Krummacher heftig kritisiert und Pietismus mit Armut verknüpft? Wer ist dieser Friedrich Oswald? Das Geheimnis lüftet sich erst viel später.

Über Friedrich Engels´ Gründe, seine Heimat in dieser Schärfe zu beschreiben, wird gestritten. Drei häufige Erklärungsansätze sind:
Erstens aus solidarischer Parteinahme für die ausgebeuteten Werktätigen;
zweitens aus Rebellion gegen seinen Vater;
drittens, weil ihn der spießbürgerliche Horizont der dortigen Elite anwidert.

Bereits während seiner Ausbildung in Bremen zeigen sich konstante Eigenschaften und Charakterzüge. Friedrich Engels ist aktiv und wissbegierig. Depressionen passen nicht zu seinem Naturell. Er verfügt über eine bemerkenswerte Energie und nimmt die Gestaltung seines Lebens in die eigenen Hände. Im reifen Erwachsenenalter später wird er, zumindest finanziell, helfend und regelnd in das Leben anderer Personen [z.B. das von Karl Marx] eingreifen müssen.

1.5 Haubitzen und Hegel

Berlin, 1841/42

1841 begeistert sich Friedrich Engels für seine Uniform als Artillerie-Offizier. Er schreibt seiner Schwester Marie, die Uniform mache *"mit roten Achselklappen mit weißen Rändern [...] einen pompösen Effekt."* Wenn er demnächst Bombardier werde, bekomme er *"goldene Tressen an die Aufschläge."* Engels schickt eine Zeichnung und kommentiert sie: *"Hier siehst du mich in Uniform, wie ich meinen Mantel sehr romantisch und malerisch, aber ungeheuer vorschriftswidrig umgehängt habe. Würde ich so über die Straße gehen, so wäre ich jeden Augenblick in Gefahr, in Arrest geschickt zu werden. [...] Denn wenn ich schon auf der Straße nur einen Knopf an der Uniform [...] offen habe, so kann mich jeder Offizier oder Unteroffizier in Arrest schicken. Du siehst, es ist gefährlich, Soldat zu sein, auch im Frieden."* Engels präsentiert sich in der Öffentlichkeit gerne mit Uniform.

Im Frühjahr 1841 hatte Friedrich Engels Bremen verlassen und anschließend in Barmen gearbeitet. Zum September des gleichen Jahres meldet er sich freiwillig zum Militär. Engels leistet das Dienstjahr bewusst in Berlin ab. Die Stadt lockt ihn mit ihren Möglichkeiten und ihrer Universität. Denn als Offiziers-Anwärter darf er Vorlesungen in der Universität besuchen. Außerdem wohnt er als Freiwilliger mit genügend Mitteln nicht in der Kaserne.

Dort muss er nur zu den Dienstzeiten der 12. Kompanie der Königlich-Preußischen Garde-Artillerie in der Kaserne am Kupfergraben anwesend sein. Zur Ausbildung gehört der Umgang mit Siebenpfundhaubitzen. Doch die Berechnung der Geschossbahnen verliert bald ihre Reize. Zwar wird ihm nach einem Jahr Militärdienst bescheinigt, er habe sich in moralischer und dienstlicher Beziehung „recht gut geführt."

Engels hält sich oft in Vorlesungssälen der Universität, in Lesezimmern und Bierstuben auf. Er trifft sich mit Junghegelianern, u.a. im Cafe Stehely. Zum Kreis der "Freien" gehören Marx´ Doktorvater Bruno Bauer und dessen Bruder Edgar, der Philosoph Max Stirner und Arnold Ruge, der staatliche Verfassungen einfordert. Die Gruppe verachtet Religion und bürgerliche Moral.

Engels übernimmt ihre Einstellungen. Er ernennt sich selbst zum Montagnard [= radikaler Anhänger der Französischen Revolution], dessen Instrument die Guillotine ist.

In der Universität hört er Vorlesungen des Philosophen Friedrich von Schelling. Der preußische König hatte Schelling auf den Lehrstuhl berufen, den einst Hegel innehatte. Schelling soll als Gegengewicht zum Hegelianismus wirken, der die meisten Köpfe bestimmt. Was stört den preußischen König an der Philosophie Hegels? Denn bisher stellt der preußische Staat sich als Verwirklichung des von Hegel aufgestellten Ideals der vernünftigen Freiheit dar. Hegel hat in Preußen die Synthese des Erbes der Reformation und der Forderungen der Aufklärung gesehen.

Während die Französische Revolution die Aufklärung zu Terror transformiert habe, werde die Aufklärung in Preußen in angemessener Weise umgesetzt. Dieser Staat ist die progressive Verbindung von Religion und Königtum.

Für die *Rechtshegelianer* verwirklicht der preußische Staat die absolute Vernunft. Als treibende Kraft bestimmt er den Gang der Geschichte. Preußen hält selbst dann noch an dieser Rechtfertigung fest, als es Rechtsstaatlichkeit und Pressefreiheit beschränkt und die Karlsbader Beschlüsse [1819: Zensur, Verbot der Burschenschaften, Spitzelsystem ...] umsetzt.

Der preußische König Friedrich Wilhelm IV. hegt eine dezidierte Vorstellung von der christlichen Monarchie. Ein mystisches, heiliges Band verbindet ihn als Herrscher mit seinem Volk. Kein Parlament und keine Verfassung können das leisten. Das monarchisch-protestantische Preußen das Ziel der Geschichte.

Diese Interpretation der Schriften Hegels teilen die *Linkshegelianer* nicht. Das Ablehnen jeglicher Verfassungsreform und die religiösen Restriktionen können nicht der Gipfel der Vernunft sein. Sah Hegel selbst nicht das dialektische Fortschreiten als Bewegungsform der Geschichte?

Dann ist das augenblickliche Preußen keineswegs eine unumstößliche Wahrheit. Zwar besitzt es aktuell seine eigene Realität und Religion. Doch in naher oder ferner Zukunft wird dieser Zustand wird negiert und in einer Synthese aufgehoben werden.

Diese philosophischen Thesen sind für Preußen gefährlich. Professor Schelling soll seine Lehre dagegensetzen. Das gelingt ihm nur in Ansätzen, denn seine mystisch-spekulative Philosophie findet wenige Anhänger.
Im Mittelpunkt von Schellings Denken steht die Frage, wie die Welt für ein moralisches, aus Freiheit handelndes Wesen beschaffen sein muss. Nach seiner Lehre stellt die Welt sich als Schöpfungsprozess und als Manifestation des Göttlichen dar. Friedrich Engels veröffentlicht im *Telegraph* einen abfälligen Bericht über Schellings Vorlesung:
"Schelling, der Philosoph in Christo."

Engels rechnet sich zu denen, die Veränderungen wollen. Das 19. Jahrhundert, sein Jahrhundert, verlangt danach. Engels´ Radikalisierung wird verstärkt durch den endgültigen Bruch mit dem christlichen Glauben. Ludwig Feuerbachs *"Das Wesen des Christentums"* gibt dazu die letzten Anstöße.

Jahrzehnte später berichtet Engels über die Faszination dieses Buches: *"Mit einem Schlag zerstäubte der Widerspruch, indem es den Materialismus ohne Umschweife auf den Thron erhob [...] Man muss die befreiende Wirkung dieses Buches selbst erlebt haben, um sich eine Vorstellung davon zu machen. Die Begeisterung war allgemein, wir waren alle momentan Feuerbachianer."*

Feuerbach erklärt, der schwache Mensch projiziere seine Wünsche nach Stärke, Hilfe, Macht in die Idee eines allmächtigen Gottes. Der Wunschgedanke wird magisch und übermächtig. Der Mensch unterwirft sein Handeln dem mythischen Wesen.
Das Erste [der Mensch] wird zum Zweiten [Der Mensch unterwirft sich dem erdachten Gott.], das Zweite [das Gedankenkonstrukt] wird zum Ersten. [Es bestimmt das Handeln des Menschen.]

Mit diesem Werk entfernt sich Feuerbach nicht nur von der Religion, sondern auch von seinem Lehrer Hegel. Für Feuerbach ist es verlorene Liebesmüh, als Philosoph den Entwicklungsgang des *Weltgeistes* verstehen zu wollen. Das Augenmerk hat sich auf die körperliche, natürliche und unmittelbare Existenz des Menschen zu richten. An die Stelle des Idealismus tritt der Materialismus.

Als Friedrich Engels 1842 nach seinem Militärdienst Berlin verlässt, ist er zwar Atheist, aber noch kein sozialistischer Denker. Im November 1842 sucht Engels auf dem Weg nach Manchester in Köln Karl Marx auf. Der ist Chefredakteur der *Rheinischen Zeitung* und ebenfalls noch kein Sozialist Das Treffen ist kurz und kühl, beide finden nicht zusammen.

Hauptgrund dürfte sein, dass Engels in Berlin Kontakt mit Bruno Bauer hatte. Marx hat große Probleme mit den Artikeln, die dessen Gruppe ihm liefert. Denn deren radikaler Atheismus löst bei den katholisch geprägten Lesern der *Rheinischen Zeitung* Unverständnis aus. Die lesen gerne Schlechtes über Preußen, wünschen aber keine Kritik am Papst.

Bedeutsamer als das erste Treffen mit Marx wird für Friedrich Engels die Begegnung mit Moses Heß. Der Journalist setzt sich für das sozialistische Glaubensbekenntnis der Humanität ein, nachdem er sich vom jüdischen Glauben abgewandt hat. Bereits 1837 hat Heß *"Die heilige Geschichte der Menschheit"* veröffentlicht. Er schlägt eine Gütergemeinschaft vor, die den Gegensatz von Pauperismus und Geldaristokratie ablöst.

Heß verbreitet damit in der deutschen Öffentlichkeit [vor Marx und Engels] Gedanken an eine mögliche radikale und egalitäre Zukunft. 1841 beschreibt Heß in *"Die europäische Triarchie"* einen konkreten Fahrplan zum Umbruch der Gesellschaften. Was das Christentum bisher prophetisch in ein Jenseits verlegte, wird in einer wahrhaft humanen Gesellschaft, die auf Liebe und Vernunft beruht, Wirklichkeit werden.

Dazu muss das Privateigentum abgeschafft werden, ebenso die entfremdende Wirkung der Geldwirtschaft. Zur Entstehung des Sozialismus hat jedes Land der Triarchie [Deutschland, Frankreich, England] eine bestimmte Rolle zu übernehmen.

Deutschland liefert die philosophische Begründung des Sozialismus, Frankreich den politischen Aktivismus und England soll die soziale Lunte zünden. Denn in England sind die Gegensätze am größten.

Heß führt mit seinen Werken die soziale Frage in die politische Debatte ein. Wie hoch dürfen die menschlichen Kosten des Industriekapitalismus sein? Viele Junghegelianer sympathisierten mit Heß´ Ideen.

Moses Heß wird später für sich in Anspruch nehmen, Engels während ihrer Begegnung für den Kommunismus gewonnen zu haben.

1.6 Cottonopolis und Warehouse City
Manchester

"What Manchester does today,
the rest of the world does tomorrow."

Rund 22 Jahre seines Lebens wird Friedrich Engels in Manchester verbringen [1842 - 1844; 1850 bis 1870]. Das ist kein Zufall. Die Firma Ermen & Engels erstellt ihre Baumwollprodukte bewusst im industriellen Nabel der Welt, in Manchester. Im 19. Jahrhundert, während der viktorianischen Epoche, ist England militärisch und industriell die Weltmacht. Die Bezeichnung viktorianisch leitet sich von Queen Victoria ab, die England von 1839 bis 1902 regiert.

Manchester ist Geburtsort neuer industrieller Entwicklungen. Magisch zieht es Unternehmer, Erfinder und Wissenschaftler an. Sie suchen und finden in dieser Metropole Erfolge. Manchester bietet dafür hervorragende Fundamente: Ein ganzes Netzwerk von Städten umgibt die Metropole. Die Verkehrsinfrastruktur ist hervorragend. Bergbau versorgt die Dampfmaschinen mit der notwendigen Kohle. Kanäle, Flüsse und Bahnlinien lassen Manchester nicht nur Industriestandort, sondern auch Handelszentrum werden.

Die wirtschaftswissenschaftliche *Manchester School* setzt sich für Freihandel ein. Manchester ist Zentrum der Anti-Corn Law Leage.
Die Stadt steht auch für sozialen Wandel. Neue gesellschaftliche Gruppen bilden sich, am Rand der Kirchen entstehen Sekten und die Gewerkschaften entwickeln modernere Formen ihrer Arbeit. Viele Intellektuelle suchen Manchester auf, um in dieser Boomtown einen Blick in die Zukunft zu werfen und sind überwältigt von Licht und Schatten. Manchesters "goldenes Zeitalter" ist das letzte Quartal des 19. Jahrhunderts.

Für die große Mehrheit seiner Einwohner bedeutet Manchester Lärm, Rauch, Gestank und verschmutzte Flüsse. Hier bestimmen Maschinen, in welchem Takt die Menschen ab 5.30 Uhr zu arbeiten haben.

Neuartig ist Manchesters bewusste Stadtplanung, die Ghettobildung bewirkt. Wohlhabende leben in eigenen Vierteln, mit großen Grundstücken, guter Luft und bester gesundheitlicher Versorgung. Eilen sie zu ihren Büros in der Innenstadt, erblicken sie nichts vom Elend der Armen.

Die Häuser an den Magistralen sind vom Mittelstand bewohnt. Der hat großes Interesse daran, dass seine Häuser und Straßen einen ordentlichen Eindruck machen. In dieser einen Metropole Manchester existieren zwei "Nationen" unter extrem unterschiedlichen Bedingungen.

Die Wohnquartiere der Arbeiter bieten menschenunwürdige Bedingungen. Ein Franzose stellt Manchester als eine große, schlecht gebaute Kaserne dar, als ein Zuchthaus, in dem 400.000 Menschen Zwangsarbeit leisten.
Für die ArbeiterInnen ist die Höhe ihres Lohns ist ungewiss. Absatzprobleme der Unternehmen haben sofortige Lohnsenkungen zur Folge. In extremen Fällen erhalten die ArbeiterInnen nur noch die Hälfte der bisher üblichen Bezahlung. Kommt es deswegen zu Streiks, greift das Militär zugunsten der Unternehmer ein.
Das Leben und die Lehre von Friedrich Engels verknüpften sich zu großen Teilen mit dieser pulsierenden Megacity.

1.7 Zwei Jahre und zwei Texte

Manchester, Nov. 1842 - Aug. 1844

Nach Abschluss seines Militärdienstes soll Friedrich Engels seine kaufmännischen Erfahrungen in Manchester erweitern. Damit besitzt er das Rüstzeug, um eine Fabrik in Engelskirchen zu leiten. So sieht es der Plan des Vaters vor. In Manchester, bei Ermen & Engels, zeigt sich der Sohn nicht von seiner tüchtigsten Seite und legt wenig Wert auf Kontakte, die seiner Stellung angemessen sind.

Jenseits seiner Aufgaben bei Ermen & Engels erkundet er das Leben der Arbeiter und soziale Bewegungen. Engels kommt mit Owenisten und Chartisten in Kontakt, schreibt für radikale Zeitungen und verfasst zwei richtungsweisende Werke der sozialistischen Bewegung, die *"Umrisse zu einer Kritik der Nationalökonomie"* und *"Die Lage der arbeitenden Klasse in England"* [1845 in Barmen abgeschlossen].

Anfang 1843 begegnet er Mary Burns, seiner ersten Lebensgefährtin. Sie ist hübsch, kann aber nur ein bisschen schreiben und kennt nicht einmal ihr genaues Geburtsdatum. Anfangs führt Engels eine lockere Beziehung mit ihr; es gibt auch Phasen der Trennung. 1845 folgt sie ihm dann sogar nach Brüssel.

Friedrich Engels

Marx-Engels-Forum,   Berlin

Bronzeplastik, Ludwig Engelhardt, 1986

Foto: H. Paler

Eine Reihe von Legenden rankt sich darum, wie die beiden sich kennengelernt haben. Nach einer sachlichen Variante ist sie einfache Arbeiterin bei Ermen & Engels. Romantischer ist die Erzählung, dass er ihr bei einem Empfang der Volkshochschule begegnet, wo sie Orangen verkauft.

Engels, der Zeit seines Lebens bürgerliche Ehen ablehnt, hält die Beziehung geheim. Er will Skandale und Konflikte meiden. Durch Mary Burns erhält Engels wichtige Einblicke in die Lebensumstände der Arbeiter. An Marys Seite kann er Stadtviertel aufsuchen, deren Betreten für ihn allein viel zu gefährlich gewesen wäre.

Aus dieser Nahsicht auf das Elend entsteht jenes ausführliche Dokument über *"Die Lage der arbeitenden Klasse in England."* Viele spätere Forscher werden sich in ihm über die Situation in Manchester informieren. [Engels verfasst die Schlussfassung 1845 in Barmen.] Der bis dahin theoretische Kommunismus wird mit Fakten aus Manchester unterfüttert.

Allerdings stellt Engels die Tatsachen in der Systematik seiner politischen Philosophie dar. Er hat Moses Heß´ Überlegungen im Hinterkopf. Engels fasst alle Arbeiter als eine Klasse auf. Er differenziert nicht zwischen Berufen, Qualifizierungen, Löhnen, Nationalitäten oder Religionen. Für ihn steht auf der einen Seite die Klasse der Ausgebeuteten, ihr gegenüber formiert sich die Klasse der Ausbeuter.

Dennoch macht Engels es allen Kritikern schwer, die ihm vorwerfen wollen, er berichte einseitig und stelle verzerrend den Existenzkampf derer dar, die unbeachtet „im Dunkeln" leben müssen. Engels untermauert seine Darstellungen durch amtliche englische Statistiken, Gerichtsprotokolle, Ergebnisse von Kommissionen und Berichte liberaler Zeitungen. Bewusst zitiert er Texte, die nicht aus einem sozialistischen Blickwinkel verfasst wurden.

Mit seinem Werk bezieht er ganz klar Position. Seine Sympathie und seine Solidarität gelten den Ausgebeuteten, den Verhungernden, den Verkrüppelten und Leidenden.

Auch der zweite Text, den der 23-jährige Erwachsene Friedrich Engels verfasst, hat Langzeitwirkung. Anfang 1844 werden in den *Deutsch-Französischen Jahrbüchern* seine *"Umrisse zu einer Kritik der Nationalökonomie"* veröffentlicht. Engels macht auf die sozialen Folgen der geltenden Wirtschaftslehren aufmerksam. Zu den wichtigen Thesen seiner *"Umrisse..."* gehören:

- Engels widerspricht Theoretikern wie Malthus, die behaupten, es könne keine Überproduktion geben.

- Er prophezeit, die Widersprüche in der Nationalökonomie werden England nach dem Triumph des Freihandels in die endgültige soziale Krise treiben.

- Das Geld, die Abstraktion des Eigentums, sei Herr der Welt, der Mensch Sklave der Sache geworden.

- Der Individualismus lasse alle sozialen Bande absterben, denn mit Industrialisierung und Fabriksystem löse sich die Familie auf.

Engels verbindet diese Analyse politischer Ökonomie mit Proudhons Angriff auf das Privateigentum [„Eigentum ist Diebstahl."] . Die Herrschaft des Eigentums habe in England das Proletariat entstehen lassen. Engels formuliert danach ein Zukunftsbild:

Der liberalen Selbstisolierung folge die Stufe der "Selbstvereinigung" der Menschheit. Engels glaubt fest an den unaufhaltsamen Fortschritt der menschlichen Gattung in der Geschichte, an ihren Sieg über die Unvernunft des einzelnen. Dieser Text beeinflusste Karl Marx´ Denken.

1.8 Owenisten und Chartisten
(Manchester, 1840er Jahre)

Die politisch und sozial engagierten Arbeiter sammeln sich in Manchester in zwei wichtigen Bewegungen, den Owenisten und den Chartisten. Engels lernt beide kennen.

Owenisten   Sozialismus durch Einsicht

Der Reformer Robert Owen wird von Friedrich Engels zu den utopischen Sozialisten gezählt. Er versuchte, soziale Gerechtigkeit zu praktizieren. Wenn Menschen in humanen Verhältnissen leben, präge das ihren Charakter positiv, meint Owen. Ein Hindernis sei auch das Christentum, denn die Welt benötige eine moralische Revolution.

Owens Versuche, sozial zu wirken, scheiterten. Er gestaltete erst seine Fabriken um, organisierte dann Gemeinschaften in England und den USA.

Trotz des Scheiterns seiner Projekte findet Robert Owen pragmatische Anhänger. Sie wollen die Umstrukturierung der Gesellschaft durch Bildung erreichen. Bildung führe die Menschen zu Sozialismus und Kameradschaft.

Friedrich Engels besucht ihre Zusammenkünfte, deren Ablauf an Gottesdienste erinnert. In Manchester haben die Owenisten 7.000 Pfund gesammelt, um das Gebäude mit dem größten Vortragsaal der Stadt zu errichten. Engels beeindrucken der Humor, mit dem dort Reden vorgetragen werden und die guten naturwissenschaftlichen Kenntnisse der Arbeiter.

Aber er kritisiert die Owenisten. Naiv sei ihre Vorstellung, in England sozialistische Zustände erreichen zu wollen, ohne politisch zu agieren.

Chartisten — Sozialismus durch Wahlrecht

Die Chartisten denken politisch, haben aber keine exakte Vorstellung von der zukünftigen sozialistischen Gesellschaft. Sie kämpfen für ein allgemeines Wahlrecht [damals nur für Männer] und sammeln dafür Millionen Unterschriften. Doch das Parlament geht auf ihre Forderungen nicht ein. Es bleibt beim Zensus-Wahlrecht.

Zwei Chartisten sind für Engels wichtig.
Mit *George Julian Harney* , den die Chartisten wegen seiner Radikalität und Gewaltbereitschaft ausschließen, wird ihn eine lebenslange Freundschaft verbinden.

Harney erinnert sich an ihre erste Begegnung: Ein *"großer stattlicher junger Mann mit einem fast knabenhaften Gesicht"* kommt in sein Büro. *"Er erzählte mir, dass er ein ständiger Leser des Northern Star sei und lebhaftes Interesse für die Chartistenbewegung bekunde. So begann unsere Freundschaft..."*

Die zweite Person ist James Leach. Der veröffentlicht anonym die Streitschrift *"Stubborn Facts from the factories",* in der er das brutale Verhalten der Fabrikanten angreift. Engels verwendet etliches von Leachs Material für seine *"Lage der arbeitenden Klasse".* Außerdem übernimmt er Leachs Feststellung, der moderne Staat sei nicht souverän, denn die Bourgeoise nutze ihn als ihr Instrument.

Während seiner beiden ersten Jahre in Manchester gelangt Friedrich Engels zu der Erkenntnis, dass Industrialisierung und Kapitalansammlungen das Leben in Europa [und zeitlich versetzt in der ganzen Welt] völlig verändern werden.

1.9 Partnerschaft, Freundschaft, "Bruderbund"

Paris, 28. Aug. - 6. Sept. 1844

1868 gratuliert Engels Karl Marx zum fünfzigsten Geburtstag: *"Ich gratuliere anyhow zu dem halben Seculum, [...] Was wir doch vor 25 Jahren für jugendliche Enthusiasten waren, als wir uns rühmten, um diese Zeit längst geköpft zu sein."* Wir erfahren für die Gegenwart des Jahres 1868, dass die beiden im viktorianischen England nicht um ihr Leben fürchten.

Im Gegenteil: Der Bourgeois Friedrich Engels bestimmt seit 17 Jahren in der Chefetage von Ermen & Engels mit über die Firmenpolitik.

Und sein Freund Karl Marx hat nach jahrelangen Studien 1867 den ersten Band von *"Das Kapital"* veröffentlicht und ist mit den beiden Folgebänden befasst. Zwar werden sie bespitzelt, aber weder ihr Leben noch ihre Freiheit sind unmittelbar bedroht.

Doch vor rund 25 Jahren, als sie sich 1844 kennen lernten, war ihre Situation ganz anders. Beide rechneten fest damit, irgendwann verhaftet, angeklagt, eingekerkert und möglicherweise zum Tode verurteilt zu werden. In "jugendlicher" Radikalität sahen sie sich in den 1840er Jahren als Avantgarde eines neuen Denkens, als Helden, die die Mauern der alten Welt zum Einsturz bringen, als Männer, die bereit sind, Märtyrer der Freiheit und des Sozialismus zu werden.

Ihnen war sehr wohl bewusst: Wer kämpft, kann verlieren und sterben. Diese reale Möglichkeit führte zu teils aufputschenden, teils melancholischen Gesprächen und Träumen.

Ende August 1844 macht Friedrich Engels auf der Rückreise von Manchester nach Barmen in Paris Station und tauscht sich über eine Woche lang mit Karl Marx aus. Bei ihrem zweiten Treffen konstatieren Karl Marx und Friedrich Engels, dass ihre politischen Vorstellungen übereinstimmen. Die beiden Männer harmonieren auch während bierseliger Abende und Nächte auf das Vortrefflichste.

Dieser Begegnung folgt die lebenslange enge Zusammenarbeit zweier brillanter Köpfe. Ohne sie hätten sich Philosophie, Sozialismus und letztlich auch die Weltgeschichte anders entwickelt. Im Spätsommer 1844 entsteht ein einmaliges Bündnis. Friedrich Engels wird es nicht einmal in den Jahren nach Karl Marx´ Tod lösen.

Ihre Einigkeit und Geschlossenheit bewundern bereits ihre Zeitgenossen. Der Chartist Julian Harney kondoliert Engels 1883 nach dem Tod von Karl Marx:

"Deine Freundschaft und Zuneigung, seine Herzlichkeit und sein Vertrauen machten den

Bruderbund von Karl Marx und Friedrich Engels zu etwas, das über allem stand, was ich je unter Menschen kennengelernt habe."

Prinzipiell war kein Zusammenspiel der beiden zu erwarten. Schließlich sind Engels und Marx Alphatiere. Alphatiere bestimmten in ihrer Gruppe, in ihrem Verein, in ihrer Partei Ton und Richtung.
Solche impulsgebenden und charismatischen Alphatiere kann jeder Verein und jede Partei gebrauchen.
Allerdings wirkt sich deren Führungsanspruch oft nachteilig aus: Alphatiere erwarten, dass man sich ihrem Thron nur in gebeugter Haltung nähert. Der Bannstrahl der Alphatiere trifft alle, denen sie Ambitionen auf ihre Position unterstellen. Als Friedrich Engels und Karl Marx sich begegnen, bleiben solche erwartbaren Auseinandersetzungen aus.

Denn für Friedrich Engels steht von Anfang an der Thron allein Karl Marx zu. Bis zu seinem Lebensende wird er *mit* Karl Marx und *für* Karl Marx arbeiten. Ganze Abschnitte seines Lebens wird Engels für Karl Marx opfern, genauer: für die von ihnen *gemeinsam* vertretenen Ideen.

Zwischen Engels und Marx entsteht ein komplexes Wechselspiel von Mit- und Nebeneinander; manchmal auch einem leisen Gegeneinander. Dabei stellt sich Engels bewusst in den Schatten von Marx, dessen größere Intellektualität er immer anerkennt. Bis zum Ende seines Lebens wird Engels sich auf Karl Marx und dessen Autorität berufen. Berührend ist die

Erinnerung von Fanni Markovna Kravcinskaja, die Friedrich Engels kurz vor seinem Tod besuchte: *„Er freute sich sehr, daß ich gekommen war und begann von den Dingen, an denen er hing, zu erzählen: er zeigte mir den Sessel, auf dem Marx gewöhnlich gesessen hatte, gab mir Briefe von Marx zu lesen, zeigte mir Fotographien, auf denen Marx und er gemeinsam zu sehen waren. Überhaupt, sein ganzes Wesen war durchdrungen von tiefster Liebe zu Marx. Ununterbrochen erzählte er: von verschiedenen Episoden aus ihrer gemeinsamen Arbeit, von ihren Reisen, ihren Spaziergängen durch die Stadt; er rekapitulierte ihre Gespräche. (…) Schon wenige Wochen später starb Engels."*

In Wirklichkeit ist Engels immer mehr gewesen als der Spieler der zweiten Geige, wie er untertreibend von sich selbst behauptet hat. Erstens ist die Familie

Marx finanziell von ihm abhängig. [Das trifft für die Eltern und ihre drei Töchter zu.]

Zweitens veröffentlicht Engels nach Marx´ Tod die Bände 2 und 3 des „Kapitals". Dabei greift er zwar auf Marx´ Notizen zurück, bestimmt aber die Endfassung der Kapitel und übersetzt drittens das Marx´sche „Vielleicht" des Zusammenbrechens des kapitalistischen Systems in ein „Bestimmt".

Jenny Marx hat die materielle Abhängigkeit ihres

Mannes von Engels beklagt. Marx selbst hat Engels in seinen letzten Lebensjahren verschwiegen, dass er für die Folgebände des *„Kapitals"* nur bergeweise Notizen, aber keine zusammenhängenden Kapitel angefertigt hat. Friedrich Engels wird in mühevollem und jahrelangem Einsatz diese Notizen zu den Bänden 2 und 3 des *„Kapitals"* ordnen.

Durch Engels Einsatz und Verhalten erreichen der Name Karl Marx und der „Marxismus" jene Strahlkraft, die die weitere Entwicklung des Sozialismus und das Schicksal ganzer Nationen bestimmt hat. Friedrich Engels setzt sich kreativ und mit ganzer Kraft für Karl Marx ein - letztlich so, wie er ihn verstanden hat.

Im Jahr 1850 hat Engels seinen Vater darum gebeten, wieder bei Ermen & Engels in Manchester arbeiten zu dürfen, damit Karl Marx sich mit ganzer Kraft den Studien zum *"Kapital"* widmen kann. Der vom Sozialismus überzeugte Friedrich Engels nimmt von 1850 bis 1869 die Position eines Unternehmers ein. 19 Jahre seines Lebens opfert er für Erfolge des Unternehmens Ermen & Engels.

Das wird ihn in den Augen vieler als Sozialist für immer unglaubwürdig machen. Wie viel Potential in Engels selber gesteckt hat, wird jedem klar, der seinen *"Anti-Dühring"* [1878] liest.

Karl Marx und Friedrich Engels

(sitzend)   (stehend)

Marx-Engels-Forum, Berlin

Bronzeplastik, Ludwig Engelhardt, 1986

Foto: H. Paler

Warum verzichtet Engels auf das Verfassen eigener Werke und nimmt diese Sklavenrolle an? Dazu gibt es eine Reihe von Erklärungen. Ganz sicher beugt sich Engels Marx´ geistiger Autorität. *"Marx stand höher, sah weiter, überblickte mehr, und rascher als wir anderen alle",* wird Engel später sagen.

Dabei verschweigt er, dass Marx sein eigenes Leben nicht organisieren kann. 1862 erkennt Marx in einem Brief die Erfolge Engels´ an: *"Dear boy, es ist in der Tat, du magst sagen, was du willst, peinlich, daß meine miséres dir so viel bother machen! Wüßte ich nur irgendein business anzufangen! Grau, teurer Freund, ist alle Theorie, und nur das business ist grün. Ich bin leider zu spät zu dieser Einsicht gekommen."*

Einige Historiker vermuten, Engels könnte in Marx so etwas wie eine Vaterfigur gesehen haben.
Ähnlich psychologisch wird argumentiert, wenn Marx gegenüber Engels eine Mutterrolle übernommen haben soll.
Oder harmonierten beide, so Erkenntnisse der Familienforschung, wie gute Cousins miteinander?

Das enge Zusammenspiel der beiden bot strategische Vorteile. Der Teich der sozialistisch Denkenden war klein und viele stellten Führungsansprüche. Sprachen aber zwei Größen mit einer Stimme, vergrößerte das ihre Chancen im harten politischen Konkurrenzkampf.

Machen wir uns bewusst: Bis zum Ende der 1860er Jahre bildeten Marx/Engels und ihre Anhänger nicht mehr als einen unbedeutenden sozialistischen Seitenflügel.

Der Erfolg des singulären Zusammenspiels der sozialistischen Dioskuren beruhte auch auf ihrer Geduld. Ohne Marx hätte der wissenschaftliche Sozialismus nie seine Überzeugungskraft erreicht, ohne Engels hätte Marx *"Das Kapital"* nicht schreiben können. Beide harmonieren nicht nur politisch, sondern auch privat und familiär. Friedrich Engels wird Teil der Familie Marx. Der vernünftige Grundsatz niemals Freundschaft und Finanzielles zu verbinden gilt für das Bündnis Marx-Engels nicht.

1.10 Revolutionäre Theorie, mühsame Praxis

Barmen, Brüssel 1845 -1848

Ihre zweite Begegnung vom 28.8. bis zum 6.9.1844 führt zu ihrem ersten gemeinsamen Projekt, der Streitschrift *"Die heilige Familie, oder Kritik der kritischen Kritik, gegen Bruno Bauer und Consorten."* Engels hat seinen knappen Text dazu noch in Paris verfasst, bevor er nach Barmen zurückkehrt. Unter Marx´ Feder ist das Vorhaben zu einem umfangreichen Buch herangewachsen.
Engels bedankt sich artig dafür, als Mitautor genannt zu werden, obwohl nicht einmal ein Zehntel des Textes von ihm ist. Ironisch merkt er an, man

habe sich 22 Druckbogen lang darüber ausgelassen, wie wenig es sich lohne, Schriften der Bauer-Brüder zu lesen . Engels und Marx präzisieren in ihrem ersten gemeinsamen Werk ihren materialistischen Standpunkt.

Die Philosophie solle nicht nach Spuren des Weltgeistes suchen. Das Handeln des Menschen muss Ausgangspunkt der Philosophie werden. Marx und Engels enthüllen die bestimmende Rolle des Privateigentums für die Gestaltung der modernen Gesellschaft. Bierselige Philosophen [= die Junghegelianer] redeten und meinten, es reiche über Fragen zu grübeln. Die Geschichte aber handelt nicht, es ist der Mensch, der handelt, besitzt und kämpft. Die Geschichte *"besitzt keinen ungeheuren Reichtum. Sie kämpft keine Kämpfe!"* Es ist der Mensch, der durch das Verfolgen seiner Zwecke Geschichte macht.

Als Engels noch im September 1844 nach Barmen zurückkehrt, wächst die Kluft zwischen ihm und seinem Vater: Atheismus und Christentum, Kommunismus und Unternehmergeist stehen sich gegenüber.

Zunächst beendet Engels sein Werk zur *"Lage der arbeiteten Klasse in England"*, das 1845 gedruckt wird.

Im Februar 1845 organisieren Engels und Moses Heß in Elberfeld eine Reihe von Vorträgen, um für den Kommunismus zu werben. Engels berichtet Marx in einem Brief von Diskussionen bis in die Nacht hinein. Es seien Anhänger gewonnen worden.

Ein Augenzeugenbericht urteilt negativ: Die Zuhörer [über 200] hätten die Vorträge sehr skeptisch aufgenommen und ihnen auch widersprochen. Sehr rasch greifen die preußischen Behörden ein. Der Elberfelder Oberbürgermeister verbietet, dass Hotels Engels und Heß Säle zur Verfügung stellen; der preußische Innenminister untersagt kommunistische Versammlungen in Elberfeld und Barmen.

Die Stimmung im Haus der Familie Engels wird schlechter. Engels erklärt, sich nicht mehr am "Schachern" beteiligen zu wollen, sein Vater streicht ihm die finanziellen Zuwendungen. Engels schildert Marx in einem Brief die Lage: *"Sitz´ ich auf meiner Stube und arbeite, natürlich Kommunismus, das weiß man [...]"*, so reagiert die Familie mit entsetzten Gesichtern.

Schließlich wird Engels gesteckt, dass geplant ist, ihn zu verhaften. Um dem zu entgehen und seine Eltern nicht weiter in Verlegenheit zu bringen, zieht er nach Brüssel, wo der inzwischen aus Paris ausgewiesene Karl Marx lebt. Engels darf vorerst keinen preußischen Boden mehr betreten.

Zusammen mit Marx reist er zu Studien nach England. In der berühmten Bibliothek von Manchester mit ihren über 100.000 Bänden studieren beide tagelang. Engels nimmt Kontakt zu Mary Burns auf [Sie wird ihm nach Brüssel folgen]. In London treffen Marx und Engels sich mit dem *Bund der Gerechten*, einer kommunistischen Gruppe, die einen *Deutschen Arbeiterbildungsverein* als Tarnorganisation gegründet hat und zu einem Untergrundnetz gehört.

Zurück in Brüssel gründen sie den *Deutschen Arbeiterverein* und das *Kommunistische Korrespon-*

denz-Komitee. In dieser Phase der Zusammenarbeit machen Engels und Marx oft die Nacht zum Tage, indem sie bis drei Uhr nachts gemeinsam Texte schreiben. Sie versuchen, mit dem *Korrespondenz-Komitee* die sozialistische Arbeiterbildung europaweit in ihrem Sinne auszurichten.

Beide sehen die Entwicklung des Proletariats in internationalen Zusammenhängen. Preußische Spitzel berichten über ihre Aktivitäten, so dass Preußen Belgien auffordert, den preußischen Staatsbürger Karl Marx auszuweisen. Marx verzichtet im Dezember 1845 auf seine Staatsbürgerschaft. Als Staatenloser wird er nicht ausgewiesen.

In dieser Zeit wird *"Die heilige Familie oder Kritik der kritischen Kritik, gegen Bruno Bauer und Konsorten"* veröffentlicht. Parallel dazu leistet sich Friedrich Engels einige Affären. Er hat als Großbürger die Frechheit, ganz offen eine unverbindliche Beziehung mit einer Arbeiterin zu leben. [Die Gegner der Sozialisten "entrüsten" sich schadenfroh, die Sozialisten sind fassungslos.] Engels taucht gemeinsam mit der *"kleine(n) Engländerin aus Manchester"* bei Treffen der sozialistischen Gruppen auf.

Er treibt so sogar noch bunter. An manchen Tagen kommt er nicht mit Mary Bruns, sondern mit anderen Damen aus dem Kreis seiner [käuflichen] Geliebten zu sozialistischen Versammlungen. Karl Marx und seine Frau Jenny sind von diesem Verhalten nicht begeistert. Friedrich Engels ist das egal. Ungeniert lebt er seine Sexualität aus. Engels fragt sogar Karl

Marx, ob er nicht Lust hätte, einmal Brüssel zu verlassen, um das nächtliche Paris zu erleben.

1847 werden schwere Vorwürfe gegen Engels erhoben. Sibylle Heß, die Frau von Moses Heß, sei durch ihn vergewaltigt worden. Das bestreitet Engels, gibt aber gleichzeitig mit unverhohlener Schadenfreude zu, Moses Heß mit dessen Frau betrogen zu haben.

"Wir Barmer lebten unsere Pubertät später aus", so wird er als alter Mann sein Verhalten kommentieren. In den 1840er Jahren meint er: *"Hätt´ ich 5.000 fr. Renten, ich tät´ nichts als arbeiten und mich mit den Weibern amüsieren, bis ich kaputt wär´. Wenn die Französinnen nicht wären, wär´ das Leben überhaupt nicht der Mühe wert."*

Engels verachtet die bürgerliche Moral und ihr Beharren auf die monogame Ehe. Sein selbst in sozialistischen Kreisen aneckendes Verhalten ist eine Reaktion auf die oft verlogene Moral, die er in Barmen, Elberfeld und Manchester erlebt hat.

Als zweites gemeinsames Werk verfassen Engels und Marx *"Die deutsche Ideologie"*. Sie wenden sich gegen Max Stirner [und damit gegen einen weiteren Mitstreiter aus ihrer Berliner Zeit. Im Buch *"Die Heilige Familie..."* hatten sie bereits die Bauer-Brüder kritisiert.]. 1844 propagierte Stirner in seinem Buch *"Der Einzelne und sein Eigentum"* einen selbstbewussten und absoluten Egoismus. Der Mensch soll sich weder einem Gott, noch anderen Menschen oder einem Staat unterwerfen. Stirners Egoist *"[...] wähnt nicht, zur Fortentwicklung der Menschheit da zu sein und sein Scherflein dazu beitragen zu müssen, sondern er lebt sich aus, unbesorgt darum, wie gut oder schlecht die Menschheit dabei fahre."*

Engels und Marx erarbeiten mit der Kritik an Stirner eine Vertiefung ihres gemeinsamen Standpunktes. Für sie erwachsen die jeweiligen gesellschaftlichen Strukturen aus den vorhandenen ökonomischen und technischen Grundlagen. Neue Produktivkräfte [z.B. das Rad] verändern die Produktionsweisen. Diese wirken sich auf die gesellschaftlichen Verhältnisse aus. *"Die Handmühle ergibt eine Gesellschaft mit Feudalherren, die Dampfmühle eine Gesellschaft mit industriellen Kapitalisten."*

Nicht das Bewusstsein bestimmt das Sein, sondern das Sein bestimmt das Bewusstsein. Die herrschenden Klassen formen die Staaten nach ihren Interessen. Stimmen aber Produktivkräfte, Eigentumsverhältnisse und Überbau nicht mehr überein, so wie jetzt aktuell im 19. Jahrhundert, ist die Zeit wieder reif für eine Revolution.
Der Klassenkampf der Proletarier werde die Gesellschaft auf ein völlig neues Fundament stellen. In der kommunistischen Zukunft werde die *"Fremdheit, mit der sich die Menschen zu ihrem eigenen Produkt verhalten"*, aufgehoben.

Entsprechend ihrer Überzeugung, dass die Revolution nicht in einem Land allein stattfinden kann, setzen Engels und Marx auf die internationale Karte.

Von ihrem Verständnis der revolutionären Phasen aus wird zunächst das Bürgertum an die Macht kommen und allen Monarchien ein Ende bereiten. Erst wenn diese Phase durchlaufen ist, folgt die Revolution der Proletarier und zuletzt die klassenlose Gesellschaft.

Während Marx und Engels das theoretische Fundament ihres Sozialismus zügig entwerfen, gestaltet sich dessen praktische Umsetzung mühsam. Sie müssen Rückschläge einstecken. Der Versuch, den Philosophen Pierre-Joseph Proudhon für ihr Kommunistisches Korrespondenz-Komitee zu gewinnen, scheitert. [Proudhon stellt in seinem Buch *"Was ist Eigentum?"* fest: *Eigentum ist Diebstahl.*] Denn der hält sich an ihren Gegenspieler Karl Grün.

Umgekehrt sucht der Agitator Wilhelm Weidling ein Bündnis mit ihnen. [Eine Idee Weidlings: Einführung des "Kommunismus" durch ein Heer von Strafgefangenen.] Marx ärgert sich über Weidlings unwissenschaftliche Vorstellungen: *"Erweckung phantastischer Hoffnungen [...] führe nur zum schließlichen Untergang, niemals aber zur Rettung der Leidenden."* Im Gegenzug kritisiert Weidling Marx´ und Engels´ theoretisches Arbeiten: Seine *"bescheidene Vorarbeit"* sei *"wichtiger für die gemeinsame Sache [...] als die Kritik und Kabinettsanalysen von Lehren, die von der leidenden Welt und den Drangsalen des Volkes weit entfernt seien."*

Später setzt Marx gegen Proudhon die Schrift *"Das Elend der Philosophie"* auf. Proudhon gehe in erster Linie auf die Bedürfnisse der Handwerker ein und seine Zukunftsvorstellungen orientieren sich an vorindustriellen Kooperationen, die im 19. Jahrhundert nicht mehr praktikabel sind.

Marx´ Kritik überzeugt nicht jeden. In Paris bleiben viele dort lebende deutsche Arbeiter Anhänger von Grün und Proudhon. Da fährt Engels nach Paris und versucht, in sozialistischen Kreisen [den „Straubingern"] die Werbetrommel für Marx´ und seinen Standpunkt zu rühren.

Zwar ist Engels ein guter Redner, doch besteht zwischen ihm und seinen Zuhörern. eine unüberbrückbare Distanz. Stephan Born beschreibt es so: *"hatte er [= Engels] wohl bemerkt, daß er selber auf die eigentlichen Arbeiterkreise keinen Einfluß auszuüben vermochte. Er war denn doch der reiche Bourgeoissohn, der allmonatlich seinen Wechsel von seinem Vater, dem großen Fabrikherrn in Barmen erhielt; die Sorge des Lebens trat nie an ihn heran, er hatte nichts von einem Arbeiter an sich [...]."*

Engels meldet dennoch einen Erfolg. Mit 13 gegen 2 Stimmen entscheidet sich eine Gruppe nach langen Diskussionen mit ihm für die marxistische Richtung.

1847 ruft der *Bund der Gerechten* zu einer Tagung nach London. Engels wird mittels eines Tricks Gesandter der Pariser Gruppen. Sein Freund Stephan Born leitet die Wahlversammlung und fragt, wer gegen Engels als Vertreter sei. Eine Minderheit meldet sich. Also sei Engels gewählt, stellt Born fest.

In London nennt sich der *Bund der Gerechten* in *Bund der Kommunisten* um, ändert sein Motto von *"Alle Menschen sind Brüder"* in *"Proletarier aller Länder, vereinigt euch!"* und beauftragt Engels, das Grundsatzprogramm des Bundes zu verfassen. Der erste Text ist der *"Entwurf eines Kommunistischen Glaubensbekenntnisses".* [Dessen Frage-Antwort-Schema erinnert an den Heidelberger Katechismus.] Im Oktober 1847 legt Engels einen zweiten Entwurf vor, die *"Grundsätze des Kommunismus".*

Ende November, Anfang Dezember wird darüber zehn Tage lang (!) diskutiert. Schließlich sorgt Marx mit einer überzeugenden Rede dafür, dass die von Engels aufgestellten Grundsätze angenommen werden. Marx und Engels sollen den endgültigen Text ausarbeiten. Beide beginnen noch in London mit der Arbeit und setzen sie in Brüssel fort.

Weil Engels nach Paris reisen muss, schreibt Marx die endgültige Fassung allein: *"Das Kommunistische Manifest".* Es ist für einen kleinen Kreis gedacht und hat deshalb nur eine Auflage von 600 Exemplaren.

Auf 30 Seiten hat Marx wesentliche kommunistische Ideen zusammenfasst. *"Die Geschichte aller bisherigen Gesellschaft ist die Geschichte von*

Klassenkämpfen." Die bürgerliche Gesellschaft kennt als Bindung zwischen den Menschen nur Interessen in Form barer Zahlung. Regierungen sind nichts anderes als das Feigenblatt der Klassenherrschaft.

Alle bisherigen *"Vorstellungen und Anschauungen werden aufgelöst, [...] und die Menschen sind endlich gezwungen, ihre Lebensstellung, ihre gegenseitigen Beziehungen mit nüchternen Augen anzusehen."*

Das Manifest hat nach dem Erstdruck im Februar 1848 nur eine geringe Wirkung. Es wird zwar von den Mitgliedern des Bundes der Kommunisten gelesen. Doch der druckfrische Text gerät in den Tsunami der 1848er Revolution.

Der Mantel der Geschichte fegt über „Das Kommunistische Manifest" hinweg.

1.11 1848: Das Feuer der Revolution
Brüssel, Paris, Köln

"Spätere Generationen werden nie begreifen, wie lange wir brauchten, um von einem Ort zu einem

anderen zu gelangen. Wie mühsam es war, ohne Eisenbahn zu reisen", stellt Karl Marx 1850 fest. Engels und er, 1820 und 1818 geboren, reisten als junge Männer noch in Postkutschen. [1835 beträgt die Länge der ersten deutschen Eisenbahnlinie sechs Kilometer.] Beide nehmen die industrielle Entwicklung als deutliche Verbesserung ihrer Alltagsbedingungen wahr.

Im Februar 1848 verbreiten Telegrafen und Eisenbahnzüge rasch die Nachricht vom Sturz des französischen Königs Louis Philippe von Orléans in ganz Europa. Die damalige wirtschaftliche Situation hat die Wünsche nach Veränderungen in Europa begünstigt. Den monarchischen Regierungen fehlen die Mittel, um der schwächelnden Wirtschaft Impulse zu geben, und Missernten haben zu hohen Lebensmittelpreisen geführt.

Engels und Marx versuchen, das Feuer der Revolution auch in Brüssel zu entzünden. Sie organisieren gemeinsam mit anderen in Brüssel Versammlungen, dabei werden Petitionen an den Stadtrat verfasst. Marx soll auch Waffen für Arbeiter beschafft haben. Historiker fanden aber kein einziges amtliches Dokument, das diese Behauptung bestätigt.
Im Gegensatz zu anderen Herrschern reagiert der belgische König prompt. Er lässt Marx ausweisen. Dessen Frau Jenny und Marx selbst kommen sogar kurzzeitig ins Gefängnis.

Der ausgewiesene Kral Marx reist Zusammen mit Engels nach Paris. Dort würdigen Mitglieder der revolutionären republikanischen Regierung sie mit einem ehrenvollen Empfang. Frankreich unterstützt sogar die Bildung einer Deutschen Legion. Deutsche, die freiwillig in ihre Heimat gehen, um für die Revolution zu kämpfen, erhalten 50 Centimes Sold pro Tag. Marx und Engels beurteilen diese Aktion als übereilt und unterstützen sie nicht.

Nach ihrem Verständnis müssen die Voraussetzungen für eine proletarische Revolution erst noch geschaffen werden. Entsprechend gründen sie in Paris einen Deutschen Arbeiterverein, um 300 kommunistische Aktivisten ins Rheinland zu senden. Die sollen dort durch Auftritte als Redner den Boden für die kommende Revolution vorbereiten.

Schließlich kehren Engels und Marx im April 1848 nach Köln zurück, wo Marx Chefredakteur der *Neuen Rheinischen Zeitung* wird. Dieses radikale Blatt kann sich trotz größter Schwierigkeiten ein Jahr lang halten.

Die Zahl der Anhänger ihres sozialistischen Kurses beschränkt sich auf 300 [„Demokratische Gesellschaft]. Weitaus stärker ist der sozialistische *"Arbeiter-Verein"* des sehr engagierten und beliebten Arztes *Andreas Gottschalk* [mit 7.000 Mitgliedern].

Der sich am *"wahren Sozialismus"* des Karl Grün orientierende Gottschalk fordert eine friedliche Umgestaltung des Systems. Von den Resten der alten Feudalordnung will er direkt zum Sozialismus übergehen. Für die komplexen Überlegungen von Marx und Engels hat er wenig Verständnis. Die beharren als Mitglieder der *"Demokratischen Gesellschaft"* darauf, dass im zu wenig industrialisierten Deutschland die Bedingungen für eine proletarische Revolution fehlen und setzen sich dafür ein, dass zuerst an Verfassungen gebundene bürgerliche Regierungen an die Macht kommen.

Empört wirft Dr. Gottschalk Marx und Engels vor: *"Das Elend des Arbeiters, der Hunger des Armen hat für Sie nur wissenschaftliches, doktrinäres Interesse [...] Sie glauben nicht [...] an die Empörung des arbeitenden Volkes, deren steigende Fluten schon dem Kapitale den Untergang zu bereiten anfangen [...]."* Damit prallen zwei unterschiedliche sozialistische Denkrichtungen aufeinander. Die erste setzt auf sofortige konkrete Änderungen der Lage der Arbeiter.

Die zweite kritisiert, heute erfolgende Lohnerhöhungen und Arbeitszeitverkürzungen ändern nichts am eigentlichen Problem. Denn die Proletarier werden weiter von den Kapitalisten ausgebeutet.

Marx und Engels nutzen die *Neue Rheinische Zeitung*, um für ihre Forderung nach einer Umwälzung der Gesellschaft zu werben, die vom Bürgertum getragen wird. Die *Neue Rheinische* erreicht immerhin eine Auflage von 5.000 Exemplaren. Engels versucht in Barmen, den Kreis der Investoren der Zeitung zu vergrößern. Doch vergeblich, die dortigen Unternehmer erinnern sich noch gut an seinen Einsatz für den radikalen Sozialismus.

In Köln irritiert Engels zusätzlich viele Leser der

Neuen Rheinischen Zeitung. In einem Artikel ver-
höhnt er die gerade erst in Frankfurt a.M. zusam-
mengetretene Nationalversammlung. Die Entrüs-
tung legt sich, denn in den folgenden Ausgaben zeigt
sich die *Neue Rheinische* als Anhängerin der Nationalversammlung, fordert aber ungeduldig Reformen ein.

Das ist auch notwendig, denn die zögerlichen und
des Gebrauchs der Macht ungewohnten Reformer
verlieren an Boden.

Auch in Frankreich haben die Revolutionäre
Probleme. Um ihre Reformen zu gestalten [Dazu gehören die *Nationalwerkstätten*, in denen bisher
Arbeitslose Beschäftigung finden.], erhöht die republikanische Regierung die Steuern. Die Reaktion der
Wähler bleibt nicht aus. Bei den Wahlen zur
verfassunggebenden Nationalversammlung bekommen die Reformer keine hundert Plätze, die Konservativen aber über 750.

Die neue Regierung löst die Nationalwerkstätten auf.
Es kommt zum Juniaufstand 1848. Engels schreibt in
der *Rheinischen Zeitung* parteiisch und verklärend
über die Gefechte in Paris, bei denen die Arbeiter
den ungleichen Kampf gegen das Militär verlieren.

In Deutschland entstehen in den folgenden Wochen
und Monaten Vereinigungen, die sich hinter die
Arbeit der Nationalversammlung stellen. Viele politisch engagierte Bürger misstrauen ihren Monarchen
und es kommt zu offenen Konflikten.

In Köln ist der Druck auf die Redakteure der *Neuen
Rheinischen Zeitung* vergleichsweise harmlos. Sie
werden im Wochentakt zum Zensor zitiert, um sich
für bestimmte Inhalte zu rechtfertigen.

Engels überspannt den Bogen, als er in Worringen [damals ein Ort nördlich von Köln, heute ein Kölner Stadtteil] vor über 5.000 versammelten Bürgern eine Rede hält. [Es gab mehrere Redner.] Die Bürger stellen sich auf die Seite der Nationalversammlung und gegen Preußen.

Prompt verhängt die preußische Regierung das Kriegsrecht über das rebellische Köln und lässt Engels steckbrieflich suchen:

Haare und Augenbrauen: dunkelblond; Stirn: gewöhnlich; Augen: grau; Nase und Mund: proportioniert; Zähne: gut; Bart: braun; Kinn und Gesicht: oval; Gesichtsfarbe; gesund; Statur: schlank.

Engels flieht nach Brüssel, wo er am 5. Okt. 1848 ausgewiesen wird. In Paris angekommen, stellt er fest, dass der revolutionäre Geist in der Öffentlichkeit erloschen ist: Paris sei tot.

Wie handelt Engels in dieser Situation? Der seit acht Monaten für die Revolution kämpfende Friedrich Engels nimmt eine Auszeit.
Er wandert durch Frankreich in Richtung Schweiz. In seinem Wander-Tagebuch finden sich kaum politische Notizen. Es ist die Zeit der Weinernte. Engels plaudert mit Pflückerinnen und Pflückern, probiert verschiedene Weinsorten und hält in seinem Tagebuch fest, Burgunderinnen seien reingewaschen, glattgekämmt und schlankgewachsen.
Dagegen ähnelten die Frauen zwischen Seine und Loire schmutzigen und struppigen Büffelkälbern.

Engels´ Wanderung endet in Bern. Seine Mutter überweist heimlich Geld dorthin.

1.12   1849: Kampf mit Gewehren
Köln, Elberfeld, Süddeutschland

Im Januar 1849 kehrt Engels nach Köln zurück, schreibt wieder für die *Neue Rheinische Zeitung,* kritisiert das Versagen des liberalen Bürgertums und stellt die Forderungen der Arbeiter heraus.
In Frankfurt a.M. verabschiedet die Nationalversammlung im März 1849 die Reichsverfassung. Der preußische König soll deutscher Kaiser werden. Doch der lehnt die Krone ab. Die sei nichts als ein Hundehalsband, durch das er an die Revolution von 1848 gekettet werden solle.

Im Mai 1849 kommt es an mehreren Orten zu Kämpfen zwischen den republikanisch einstellten Bürgern und den Armeen ihrer Landesherren.
Im Rheinland rebellieren Düsseldorf, Solingen, Iserlohn und auch das Wuppertal. Der steckbrieflich gesuchte Friedrich Engels taucht in Elberfeld auf, stellt eine Pionierkompanie auf und verbessert die Konstruktion mehrerer Barrikaden.
Neben dem Haus des Oberbürgermeisters lässt er eine rote Fahne wehen [anstelle der üblichen schwarzrotgoldenen] und wird prompt schriftlich aufgefordert, die Stadt binnen eines Tages zu verlassen.

In Köln darf die *Neue Rheinische Zeitung* nicht mehr gedruckt werden. Marx und Engels wenden sich von Köln nach Süden. Sie setzen sich u.a. in Speyer und Kaiserslautern für die Revolution ein.

In Kaiserslautern wird Engels als Spion verhaftet. Sein Vergehen: Er hat die bisherigen militärischen Vorbereitungen kritisiert. Die Niederlage sei unausweichlich, wenn solch unsinnige Befehle erteilt würden.

Nach einem Tag im Gefängnis wird Engels freigelassen, weil Kommunisten sich für ihn eingesetzt haben. Während Marx nun die Revolution als verloren ansieht und sich nach Paris begibt, schließt Engels sich einer 800 Kämpfer starken Kompanie aus Arbeitern und Studenten an. Deren Kommandeur August von Willich ernennt ihn bald zu einem seiner Adjutanten.

Friedrich Engels´ Teilnahme an vier Gefechten ist nachgewiesen. Seine damaligen Mitstreiter attestieren ihm später, dass er mit Überblick und Tapferkeit gekämpft hat.

Karl Marx wird sich künftig mehrfach darauf berufen, dass Engels 1849 Freiheit, Gesundheit und sogar sein Leben aufs Spiel setzte. Durch diesen radikalen Einsatz habe Engels aller Welt gezeigt, dass Sozialismus für ihn [und implizit für Karl Marx] mehr bedeutet als ein theoretisches Gedankenspiel.

Im Juni 1849 geht die Schlacht bei Rastatt verloren. Engels flieht mit anderen durch den Schwarzwald in die Schweiz, die sie am 12. Juli 1849 erreichen. In bald erscheinenden Artikeln über das Ende der Revolution gibt Engels den Bürgern die Schuld, die anfangs die Arbeiter zum Aufstand anstachelten, sie aber im Stich ließen, als es hart auf hart ging.

Während Engels sich noch in der Schweiz befindet, muss Marx Paris verlassen. Wenn er überhaupt noch in Frankreich bleiben will, müsste er sich in die Bretagne verbannen lassen.
Doch Marx zieht es vor, nach London zu wechseln. Engels, der weder Deutschland noch Frankreich betreten kann, reist auf einem Schiff von Genua nach London.

Das viktorianische England wird für Marx und ihn in den kommenden Jahrzehnten zum Lebensmittelpunkt. Dort werden beide auch sterben.
Deutschland [und Preußen] haben sie nur noch als Reisende oder Gäste wiedergesehen.

2.   1850 - 1901

DATEN   I

1853-56 Krimkrieg

1854   Die USA zwingen Japan zur Öffnung eines

         Hafens.

1856-60 China: 2. Opiumkrieg

1861   Italien: Proklamation des Königsreichs

1861   Russland: Aufhebung der Leibeigenschaft

         der gutsherrlichen Bauern

1861-65 USA: Sezessionskrieg

1863   Gründung des Allgemeinen Deutschen
         Arbeitervereins [durch Lassalle]

1864   Gründung Erste Sozialistische Internationale [Sitz
         London]

1866   Preußen besiegt Österreich-Ungarn [Königgrätz]

1868   Japan: Der Tenno löst die Herrschaft der Shogune ab.

1869   Gründung der Sozialdemokratischen Arbeiterpartei
         [durch Bebel/Liebknecht]

1870   Russland: Dreiklassenwahlrecht

Friedrich Engels I

[28. Nov. 1820 - 5. Aug. 1895]

1850   *"Der deutsche Bauernkrieg"*

1850 – 69 Arbeit bei Ermen & Engels in Manchester

1851 – 52   Artikel in der *New York Tribune* [anstelle von Karl Marx, bzw. für ihn übersetzt]

1854   Bewerbung als Kriegskorrespondent [Krimkrieg] bei der *Daily News*

1863   Tod Mary Burns

1870   Umzug von Manchester nach London

DATEN II

1870   Frankreich: Gefangennahme des Kaisers durch die Deu-
        tschen - Ausrufung der 3. Republik [Sie besteht bis
        1940]

1871   Frankreichs republikanische Regierung kapituliert im
        Krieg gegen Deutschland - Proklamation des Deutschen
        Kaisers
        [März bis Mai] Commune in Paris

1872   Erste Sozialistische Internationale: Umzug nach New
        York [dort 1876 Auflösung]

1875   Zusammenschluss der deutschen Arbeiterparteien zur
        SAP [in Gotha]

1876   Indien: Die englische Königin Victoria wird zur Kaiserin
        von Indien ernannt

1880 - 1914   Zeitalter des **Imperialismus**

1889   Gründung der Zweiten Sozialistischen Internationale [in
        Paris]

1891   Maidemonstration [Arbeiterbewegung] in London

        Russland: Baubeginn der Transsibirischen Eisenbahn

        Erfurter Programm der SPD

1901   Tod der englischen Königin Victoria

Friedrich Engels   II

1870   Korrespondierender Sekretär der Ersten Sozialistischen
        Internationale

1878   *"Herrn   Dührings   Umwälzung   der   Wissenschaft"*
        [Mitautor: Marx]
        Tod Lizzy Burns [Kirchliche Heirat kurz vor ihrem Tod]

1883   Tod Karl Marx [14. März]

1884   *"Der Ursprung der Familie, des Privateigentums und des
        Staates"*

1885   Veröffentlichung *"Das Kapital",* 2. Band [Autor: K. Marx]

1886   *"Ludwig Feuerbach und der Ausgang der klassischen
        deutschen Philosophie"*

1890   Tod Helene Demuth

1891   Louise Kautsky wird Engels´ Sekretärin [1894 heiratet
        sie Dr. Freyberger]

1893   Internationaler Sozialistischer Arbeiterkongress in Zürich

1894   Veröffentlichung *"Das Kapital",* 3. Band [Autor: K. Marx]

1895   Tod Friedrich Engels [5. August]

2.1 Armut

"Es wäre [...] für uns das Bequemste, wenn wir dir Geld zu Deinem Unterhalt schickten. Es ist aber ein sonderbares Verlangen, dass ich einen Sohn unterhalten soll, der Grundsätze und Lehren in der Welt zu verbreiten sucht, die ich für ein Verderben der Menschheit und für sündlich halte."

Mit diesen Zeilen lehnt Elise Engels im April 1850 die Bitte ihres Sohnes Friedrich um Geld ab. Engels und Marx sind knapp bei Kasse. Sie verfolgen Ideen für Publikationsprojekte, aber ihnen fehlen Einkünfte.

Marx kann Miete und Rechnungen nicht bezahlen und muss Wohnungen räumen. Er benötigt Unterkunft für fünf Köpfe, denn seit September 1849 leben seine Frau und seine drei Kinder wieder mit ihm zusammen.

Jenny Marx, geborene von Westphalen, bekommt in London ihr viertes Kind [Heinrich Guido, Nov. 1849]. In einem ergreifenden Brief schildert sie im Mai 1850 Guidos Zustand: *"Seit er auf der Welt ist, hat er noch keine Nacht geschlafen, höchstens zwei bis drei Stunden. In der letzten Zeit kamen nun noch heftige Krämpfe hinzu, so dass das Kind beständig zwischen Tod und elendem Leben schwankte.*

In diesen Schmerzen sog er so stark, dass meine Brust wund war und aufbrach; oft strömte Blut ihm in sein kleines bebendes Mündchen." Diese Zeit *"der größten äußern Sorgen, beständiger aufzehrender Angst, großer Entbehrungen aller Art und selbst wirklichen Mangels"* übersteht der Kleine nicht. Er stirbt 1851, ein Jahr und zwei Wochen alt.

Sie mögen in ärmlichen Umständen hausen, dennoch zählen sich Marx und Engels zur gehobenen Bürgerschicht. Sie fühlen sich nicht als Proletarier und leben erst recht nicht wie Proletarier.
Familie Marx hat sogar ein Dienstmädchen, Helene Demuth, genannt Nim, welches ihr die Familie von Westphalen zur Unterstützung geschickt hatte. Sie wird bis zum Tod von Jenny und Karl Marx in deren Haushalt arbeiten.

2.2   Streit unter Flüchtlingen
London, 1849/50

Unter *"den ins Ausland entkommenen Flüchtlingen [entwickelt sich] eine fieberhafte Tätigkeit. Die verschiedenen Parteischattierungen gruppieren sich, klagen sich gegenseitig an, den Karren in den*

Dreck gefahren zu haben, beschuldigen einander des Verrats und aller möglichen sonstigen Todsünden. Dabei bleibt man mit der Heimat in reger Verbindung, organisiert, konspiriert, druckt Flugblätter und Zeitungen, schwört darauf, dass es in vierundzwanzig Stunden wieder losgeht, dass der Sieg gewiss ist, und verteilt im Hinblick hierauf schon die Regierungsämter. Natürlich folgt Enttäuschung auf Enttäuschung und [...] so häufen sich die gegenseitigen Anklagen, und das ganze endigt in einem allgemeinen Krakeel."

So erinnert sich Friedrich Engels an die Stimmung unter den deutschen Emigranten in London ab 1849. In dem von ihm mit ironischem Abstand beschriebenen „Spiel" hat er eifrig mitgemischt. Wobei Marx, er und ihr kleiner Kreis wie in Köln eine Minderheitenposition einnehmen. Die Zahl der Alphatiere, mit denen Marx und Engels nicht d´accord gehen, ist lang.

Drei Beispiele geben Einblick in den Kleinkrieg, den die geflohenen Revolutionäre untereinander führen:

Pro Marx/Engels

1. Friedrich Leßner berichtet, wie er sich im "Kommunistischen Arbeiterbildungsverein" für Engels und Marx eingesetzt hat: *"Nach dem Zusammenbruch der revolutionären Bewegung des Jahres 1848 teilte sich der Verein in zwei Fraktionen: eine*

war von Marx und Engels geleitet, [...] während die andere Fraktion, von Willich und Schapper geleitet, in Putschen und Revolten das Heil des deutschen Volkes erblickte.

Dieser Streit hatte den Verein geschwächt. [...] die übriggebliebenen wurden nach und nach so verbürgerlicht, daß sie ruhig zuhören konnten, wie Gottfried Kinkel in seinen [...] Vorträgen den Republikanismus schmähte und verleumdete [...] Ich begann, die Mitglieder zu prüfen und unter ihnen Freunde zu erwerben. Nachdem mir das gelungen war, begann unsere Minierarbeit gegen die Stellung Kinkels. Unsere Opposition wuchs schließlich so an, daß Kinkel gehen mußte. [...] Liebknecht begann wieder den Verein zu besuchen, ebenso Marx, der eine Reihe von Vorträgen über Sozialökonomie hielt [...]"

[Kontra Marx/Engels]

2. Arnold Ruge will *"[...] einen kurzen Bericht über [...] Marx und Engels geben, die [...] aus der Verleumdung ein Geschäft machten. Beide sind ein paar höchst gefährliche Individuen, [...] die in der Zeit der Revolution durch Zerstörung [...] innerhalb*

79

der demokratischen Partei eine demoralisierende Rolle spielten. [...]"

3. August Willich schreibt, wie Marx erreichen wollte, dass er mit Techow in Streit geriet. *"Als Techow im Herbst 1850 nach London kam – ließ Marx [...] {den Jounalisten} Dronke schreiben, Techow habe über mich die wegwerfendsten Äußerungen gemacht; [...] Techow kam an, wir sprachen uns als Männer gegeneinander aus (die im Briefe gemachten Mitteilungen waren erfunden!) und statt daß wir uns, wie beabsichtigt, verfeindeten, blieben wir Freunde. Andere Männer fand ich mir verfeindet, ohne auch nur eine Ahnung der Motive zu haben. Dies sind einige Proben der Taktik des Herrn Marx. [...]"*

Marx und Engels gewinnen aufgrund ihrer Intellektualität Anhänger, gleichzeitig wirkt ihr aggressives Taktieren auf viele Sozialisten abschreckend.
Angesichts der geringen Zahl ihrer Anhänger erklärt Engels in einem Brief an Karl Marx, die richtige Erkenntnis der historischen Vorgänge sei wichtiger als populär zu sein oder Anerkennung zu finden.

Steckte dahinter weise Erkenntnis oder ideologische Verengung? Einige Historiker behaupten, Engels sei beim Schreiben dieser Zeilen von puritanischem Verlangen nach Opfer und Martyrium angetrieben worden.

2.3   Ausweg Manchester ? !

London, Barmen, Manchester, 1850
[Alle Geldsummen wurden auf das Jahr 2010
ungerechnet.]

Die Spirale der Armut reißt die Revolutionäre immer
weiter nach unten. Engels sieht nur einen Ausweg:
Er kann an genügend Geld für sich, die Sache des
Sozialismus und die Familie Marx kommen, wenn er
gegen seine eigene Überzeugung doch wieder als
Kaufmann arbeitet. Also bittet Friedrich Engels
darum, in Manchester wieder unternehmerisch tätig
werden zu dürfen.
Die Familie Engels in Barmen fürchtet, dass ihr
Friedrich jun. bei der nächsten sich bietenden
Gelegenheit wieder zum Revolutionär wird. Sie bin-
det ihn anfangs vertraglich für eine Frist von drei
Jahren. Für seine Arbeit bei Ermen & Engels in
Manchester erhält Engels etwa 30.000 engl. Pfund
pro Jahr und ab 1855 fünf Prozent des Gewinns.
Sein Gewinnanteil wächst bis 1860 auf 7,5% an und
wird stolze 96.800 engl. Pfund betragen.

Zu Beginn seiner Arbeit bei Ermen & Engels soll
Friedrich Engels gründlich die Firmenbücher prüfen.
Sein Vater vermutet, dass die Brüder Ermen ihn un-
fair behandeln. Denn *Ermen & Engels* erhält große
Teile des Rohstoffs von der Firma *Ermen Brothers*.
Beide Firmen sind angeblich unabhängig voneinan-
der, werden aber aus den gleichen Büros geleitet.

Friedrich Engels, jetzt Korrespondent und General Assistent bei Ermen & Engels, soll prüfen, ob die Brüder Ermen tatsächlich in die eigene Tasche wirtschaften.

Prinzipiell ist Ermen & Engels für den Konkurrenzkampf sehr gut aufgestellt. Der Markt braucht Garn und Gottfried Ermen hat ein Verfahren zum Glätten von Baumwollgarn erfunden, dass Ermen & Engels unter einer exklusiven Bezeichnung verkaufen darf. Zusätzlich kann die Firma eine Baumwollspinnerei erwerben.

Die Brüder Ermen bekommen es mit einem energischen Friedrich Engels zu tun. Der Sohn ihres Teilhabers steigt mit großem Eifer und Geschick in sein Arbeitsfeld ein, setzt Interessen seiner Familie durch und versucht, eine Trennung der Firmen Ermen Brother und Ermen & Engels zu erreichen. Weil sich die Brüder Gottfried und Peter Ermen über die Leitung der Firma streiten, hat Engels eine sichere Position in der Firma.

1851 reist Friedrich Engels sen. nach Manchester, um geschäftliche Absprachen zu treffen. Sein Sohn hat dazu beste Vorarbeiten geleistet. Friedrich Engels´ Arbeitsverträge verlängern sich bis 1860. Dann stirbt sein Vater. In diesem Jahr ist Friedrich Engels schwer erkrankt. Sein Bruder Emil setzt für ihn durch, dass er seine Stellung bei Ermen & Engels behält. Denn die Familie Engels ist mit 1.000.000 engl. Pfund an der Firma beteiligt.

Ab 1864 wird Engels gemäß der Absprache persönlicher Teilhaber von Ermen & Engels in

Manchester. Dafür muss er innerfamiliär auf alle Erbansprüche in Deutschland verzichten. 1869 wird er sich aus Ermen & Engels in Manchester zurückziehen und 1.200.000 engl. Pfund erhalten.

2.4 Ein Bourgeois in Manchester
1850 - 1870

Wie vernetzte sich ein Unternehmer im 19. Jahrhundert? So wie heute: Er wird Mitglied elitärer Clubs und Vereine. Zum Beispiel der Cheshire Hounds. Zu dieser Jagdgesellschaft gehören wichtige Persönlichkeiten Manchesters. Der Jahresbeitrag beträgt pro Jahr gut 1.000 engl. Pfund. Die Unterbringung eines Pferdes kostet jährlich um die 7.000 engl. Pfund. Das Pferd muss auch noch gekauft werden, wofür mindestens 5.000 engl. Pfund fällig werden.
Durch diese Summen ist die gewünschte Exklusivität gesichert. Zu den Fuchsjagden kommen manchmal sogar Mitglieder des englischen Hochadels.

Unser Unternehmer ist nicht nur aus Prestigegründen Mitglied des Clubs, er hat wirklichen Spaß an den Jagden. Stolz berichtet er, dass sein Pferd Hindernisse von 1,60m Höhe überspringt. Als einer der besten Reiter sitzt er problemlos fünf Stunden lang im Sattel. Eines seiner Pferde ist übrigens ein Weihnachtsgeschenk seines Vaters.

Einladungen zu repräsentativen Gelegenheiten folgt

er ebenfalls, taucht bei Kunstausstellungen auf und lässt sich bei Wohlstätigkeitsveranstaltungen sehen.

Als die deutsche Kolonie 1859 die Schillergesellschaft gründet, ist er beteiligt. Er wird ins Direktorium gewählt, für einige Zeit sogar an dessen Spitze.

Außerdem gehört er dem exquisiten Albert Club an. Der hat Kartenspielzimmer, Billardtische und private Essräume. Selbstverständlich ist unser Unternehmer Mitglied der Börse von Manchester.

Mit außerordentlicher Leidenschaft interessiert er sich für Kriegsführung. Intensiv arbeitet er sich in Strategie, militärische Führung und Technologie ein und ersteht die Bibliothek eines pensionierten Offiziers. Einen von ihm verfassten Artikel zum Krimkrieg druckt die *Daily Mail* 1854 nicht. Denn dieser Text gehöre von seiner Qualität her in eine Fachzeitschrift. Damit scheitert auch seine Bewerbung als Mitarbeiter in der militärischen Redaktion der *Daily Mail*.

1870 beweist er während des deutsch-französischen Krieges seine Befähigung zu strategisch-militärischem Denken. Er analysiert im Voraus, dass eines der ersten großen Gefechte in der Nähe von Saarbrücken stattfinden wird. Der Artikel erscheint in einer englischen Zeitung.
In einer seiner nächsten Analysen erklärt er, warum die Franzosen die Schlacht bei Sedan verlieren werden.

Das preußische Militär soll befürchtet haben, dass jemand aus dem eigenen Generalstab Informationen an die englische Presse weitergab. Die militärischen Analysen unseres Unternehmers trafen ins Schwarze.

Seine Freunde verpassten ihm den Spitznamen *General*. Er fühlt sich geschmeichelt und unterschreibt ab und zu Briefe mit diesem "Titel".

Einen delikaten Punkt versucht unser Mann geheim zu halten. Er hat eine feste Geliebte. Weit unter seinem Stand gehört sie zum Bodensatz der Gesellschaft [Sie kennt nicht einmal ihr Geburtsdatum!] Mit dieser Frau zieht er in eine gemeinsame Wohnung. Diese Verletzung der Konventionen kommt in Manchester nicht gut an.
Sein Schwager macht ihm große Vorwürfe. Die Beziehung schade dem Ansehen der gesamten Familie. Also muss unser Unternehmer zwei Wohnungen anmieten. Eine offizielle, in der er angeblich lebt, besonders, wenn sein Vater zu Besuch kommt, und eine für sich und seine Geliebte. In dieser Wohnung trifft er sich regelmäßig mit Personen, die nicht zu seinen elitären Geschäftspartnern passen.

In seiner Funktion als Arbeitgeber wiederum feuert er eine Reihe von Arbeitern und Angestellten. Er selbst aber greift unberechtigt und ungeniert in die Barkasse der Firma, wenn sein Geschäftspartner unterwegs ist [vermutlich mehrfach].

Bei dem hier beschriebenen Unternehmer handelt es sich um Friedrich Engels.

2.5   Weggefährtinnen
(1843 - 1895)

Friedrich Engels ist sich seiner anziehenden Wirkung auf Frauen bewusst und nutzt das auch aus. Er scheut feste Bindungen und sucht auch Prostituierte auf. [Was in seinen Kreisen selten Anstoß erregt.] Verheiratet ist der Gegner der bürgerlichen Ehe nur einmal und das keine 24 Stunden lang. Zu seinem Vater besteht keine gute Beziehung, dagegen ist sein Verhältnis zur Mutter positiv [aber nicht immer einfach], und seine Schwester Marie pflegt ihn sogar 1860 während einer schweren Krankheit.
Außer seiner Mutter spielten für ihn folgende Frauen eine Rolle:

Mary Burns   (1843 - 1863)

Friedrich Engels liebt sie, lässt sich aber gleichzeitig auf andere Frauen ein. Durch Mary Burns lernt er das Manchester der untersten Schichten kennen. 1845 folgt die irische Arbeiterin ihm nach Brüssel. Als er ab 1850 wieder in Manchester arbeitet, lebt er mit ihr zusammen in einer Wohnung. Das wird innerhalb seines Standes nicht toleriert. Er muss eine zweite Wohnung mieten, in der er offiziell lebt.

Als Mary Burns 1863 überraschend an Krebs stirbt, führt ihr Tod führt zu einem schweren Zerwürfnis zwischen Friedrich Engels und Karl Marx. Engels teilt

Marx in einem Brief den Tod von Mary Burns mit. Marx antwortet, dass Mary eine nette Frau gewesen sei. Weiter geht er nicht auf Engels´ Gefühle ein. Engels schreibt den nächsten Brief erst nach fünf Tagen. [Was völlig ungewöhnlich ist.] Seine Verstimmung ist mit Händen zu greifen. Marx´ Gefühllosigkeit hat ihn zutiefst verletzt. Engels schreibt, viele Bekannte, Kollegen und Nachbarn hätten ihr Mitgefühl über Mary Burns´ Tod bekundet. Nur sein Freund Karl Marx habe mit unerwarteter Gefühlskälte und Ironie reagiert. Umgehend entschuldigt sich Marx in seinem nächsten Brief. Engels nimmt die Entschuldigung an. Er sei froh, dass er außer Mary nicht noch seinen besten Freund verloren habe.

Lydia Burns   [Lizzy]   1843/1863 - 1878

1892 erläutert Engels die Bedeutung, die Lizzy Burns für ihn hatte: *"Auch meine Frau war ein echtes Proletarierblut, und das leidenschaftliche Gefühl für ihre Klasse, das ihr angeboren war, war mir unendlich mehr wert und hat mir in allen kritischen Momenten stärker beigestanden, als alle Schöngeisterei und Klugtuerei der "jebildeten" und "jefühlvollen" Bourgeoistöchter gekonnt hätten."* Engels lernte Lydia Burns sicher kurz nach ihrer Schwester Mary kennen.

In Manchester lebt er 1853/54 mit beiden Schwestern in einer Wohnung zusammen. Solange

Mary lebt, spielt Lydia für ihn nur eine Nebenrolle. Doch ein gutes Jahr nach Marys´ Tod haben Lydia und er eine feste Beziehung. Aufgrund ihres freundlichen Auftretens verfügt Lydia bald über enge Kontakte zur Familie Marx.

Im Gegensatz zu ihr hat Mary oft ein ungeschliffenes Verhalten an den Tag gelegt und mit als dreist empfundenen Äußerungen Anstoß erregt. 1870 zieht Lydia Burns mit Engels nach London und lebt dort ganz offiziell mit ihm zusammen. Wie ihre Schwester erkrankt sie unheilbar an Krebs.

Die Irin und Katholikin packt die Verzweiflung. Jahrelang hat sie unverheiratet mit einem Mann zusammengelebt. So kann sie nicht vor ihren Gott treten. Der Atheist Friedrich Engels hat bestimmt mit ihr darüber diskutiert, dass es für ihn kein Jenseits und keinen Gott gibt. Aber er war in seiner Jugend Christ und weiß, was Gewissensqualen sind. Engels sucht einen Priester auf, der eine Sondererlaubnis einholt und heiratet seine Lizzy am Vorabend ihres Todes kirchlich.

Mary Ellen Burns-Rosher   [Pumps]

1873 - 1895

Karl Kautsky berichtet über Friedrich Engels´ Haushalt und Mary Ellen Burns [Spitzname: Pumps]:
"Es spricht für den internationalen Charakter der Tafelrunde, daß in ihr unterschiedslos die drei Weltsprachen gebraucht wurden, Deutsch, Eng-

lisch, Französisch. Fast jeder der Anwesenden war an der internationalen Bewegung ebensosehr theoretisch interessiert wie praktisch

– ausgenommen die unglückselige "Pumps", die weder theoretisches noch praktisches Interesse für unsere Sache und für soziale oder politische Fragen überhaupt gewonnen hatte und deren Horizont über Haus und Amüsement nicht hinausging."

Lydia Burns´ Nichte ist sehr auf ihren Vorteil bedacht und trinkt zu viel. Lydia nimmt sie anfangs als Hausangestellte in Dienst. Zur Ausbildung schickt Engels Mary Ellen zwei Jahre nach Heidelberg. Als sie nach London zurückkehrt, fühlt Pumps sich über Dienste für Lydia erhaben.
Sie zieht zu ihrer Familie zurück. Die aber kann ihr nicht das Lebensniveau bieten, das sie bei Engels hatte. Reumütig bittet Mary Ellen wieder in Engels´ Haus arbeiten zu dürfen.
Nach Lydias Tod übernimmt sie die Rolle der Haushälterin und verhält sich ihrerseits wie der junge Friedrich Engels. So mancher Besucher Engels´ verguckt sich in sie. Als der Buchhalter Percy Rosher sie geschwängert hat, bringt Engels ihn dazu, Mary Ellen zu heiraten.

Die Roshers besuchen Engels häufig, verbringen Urlaube mit ihm und bitten ihn immer wieder um finanzielle Unterstützung. Mary Ellen Burns-Rosher erreicht für Engels nie die Bedeutung, die ihre Tanten für ihn hatten. Es kommt zu Spannungen, aber nie zu einem vollständigen Bruch.

Helene Demuth   [Nim]

1851, 1883 - 1890

Eleanor Marx beschreibt Helene Demuths Rolle für die Familie Marx mit diesen Worten: *"Mohr hat übrigens immer gesagt, daß Helene Demuth unter vernünftigen sozialen Verhältnissen für die Gesellschaft von ebenso unschätzbarem Wert gewesen wäre, wie sie es in kleinem Rahmen für uns war. Sie hatte wirklich eine seltene Begabung für Organisation und Verwaltung und er pflegte zu sagen, seine "Demuth, Wehmuth, Hochmuth" (ein alter Scherz in der Familie!) hätte es fertiggebracht, die ganze Welt in Ordnung zu halten und zu lenken."*

Seit 1845 ist sie Haushälterin der Familie Marx. Nach Marx´ Tod 1883 nimmt Engels sie in seine Dienste. Helene Demuth lenkt dessen Haushalt, stellt z.B. das Hauspersonal ein. Das Verhältnis der beiden ist eher vom Funktionalen als vom Persönlichen her bestimmt.

Ein dunkler Fleck in ihrer Beziehung ist Helene Demuths am 23.6.1851 geborener Sohn Frederick. Engels hat erklärt, Frederick sei sein Sohn. Vermutlich deckte er damit einen Fehltritt von Karl Marx. Weder Engels noch Marx haben sich intensiv um Frederick Demuth gekümmert.

Helene Demuth stirbt im November 1890 an Krebs. Engels trauert sehr um sie, besonders weil sie für ihn die letzte lebende Begleiterin aus den 1840er Jahren war.

Louise Kautsky [ab 1894: Freyberger]
1891 - 1895

Als Friedrich Engels nach Helene Demuths Tod jemanden braucht, der seinen großen Haushalt führt, kommt ihm die von Karl Kautsky Geschiedene Louise in den Sinn. Er bittet sie in einem Brief, diese Aufgabe zu übernehmen. Sie reist sofort nach London und wird seine Sekretärin. Engels gewinnt durch sie neue Lebensfreude. 1892 berichtet er in einem Brief an Julie Bebel: *"Louise hat eben wieder einen recht tollen Brief [...] geschrieben. [...] Sie sollten einmal dabei sein, wenn wir unseren Frühschoppen Pilsener Bier vertilgen, was da für Unsinn und Gelächter getrieben wird. Ich freue mich, dass ich diese jugendlichen Torheiten noch so mitmachen kann, [...] Und ich kann Louise gar nicht genug dafür danken, dass sie alles tut, um meine alte rheinische Heiterkeit nicht einrosten zu lassen."*

Im Februar 1894 heiratet Louise Kautsky den Arzt Ludwig Freyberger. Beide bewegen Engels noch im gleichen Jahr zum Umzug in ein größeres Haus. In seinen letzten beiden Lebensjahren nehmen sie Einfluss darauf, wer Engels besuchen darf [und wer nicht]. Dr. Freyberger betreut Friedrich Engels, bis der stirbt.

Jenny, Laura und Eleanor [Tussy] Marx

"Onkel Angel" ist für die drei Töchter von Karl Marx so etwas wie ein zweiter Vater. Er hat zu allen ein gutes Verhältnis, was viele Briefe wie dieser von Friedrich Engels an Laura Lafargue bezeugen: *"Bei euch zu Hause herrscht jetzt großer Jubel seit der Geschichte mit Longuet* [Jenny Marx wird ihn bald heiraten.], *und wenn zur Zeit deiner Verlobung hier und da schlechte Witze gerissen wurden wegen {deiner verliebten Blicke}, so bist Du vollständig gerächt: Jenny leistet hierin das Mögliche. Im übrigen ist ihr die Sache sehr gut bekommen, sie ist sehr glücklich und heiter und auch körperlich viel wohler, und Longuet ist ein sehr liebenswürdiger Kamerad. [...] Übermorgen wird Longuet bei euch Gastrolle geben und sole à normandie, sein Nationalgericht, kochen. [...] Seine letzte Vorstellung –Boeuf a la mode– was no great success."*

Friedrich Engels hat die Marx-Töchter zu journalistischem Schreiben ermutigt und gibt ihren Porträts einen Ehrenplatz in seinem Haus. Er finanziert ihre Hochzeiten und hilft Marx´ Schwiegersöhnen aus, wenn es an Geld mangelt. Engels ist sich darüber im Klaren, dass er dabei ausgenutzt wird. Nach Karl

Marx´ Tod übernimmt er die „Rolle" des Clanchefs. Die Hälfte seines Vermögens werden die Familien der drei Marx-Töchter erben.

2.6 Verschwörungstheorien
meist Manchester, ...1850 - 1870...

Verstorbene können sich nicht dagegen wehren: Über sie kursieren Geschichten, deren Wahrheitsgehalt mehr als zweifelhaft ist. Auch über Friedrich Engels kursieren unvermeidlich derartige Gerüchte. Befassen wir uns mit fünf von ihnen.

1. Engels verhilft irischen Terroristen zur Flucht
Manchester, 1867

Engels zweite Lebenspartnerin Lydia Burns ist revolutionäre Irin und gut informiert über geplante Aktionen der Irischen Republikanischen Bruderschaft. Diese radikale Organisation möchte die britische Herrschaft in Irland beenden. Nach dem Scheitern kleinerer Aufstandsversuche verlegen die Iren sich auf Terroranschläge.

Einer der bekanntesten erfolgt im September 1867 in Manchester, nicht unweit von Engels´ Haus. Zwei irische Aktivisten werden aus einem Polizeiwagen befreit. Ein Polizist wird getötet; die Polizei jagt die

Täter mit allen Kräften. Fünf Attentäter werden gefasst, drei von ihnen nach einem Prozess hingerichtet. Karl Marx´ Schwiegersohn Paul Lafargue behauptet später: Dem Anführer der Befreiungsaktion wurde in Engels´ Haus Unterschlupf gewährt, sodass er der Polizei entkam.

Ob Lydia Burns und Engels wirklich das damit verbundene Risiko auf sich genommen haben, lässt sich nicht mehr klären. Die Beteiligten haben aus guten Gründen darüber geschwiegen. Alle Berichte darüber, dass Engels den irischen Terroristen zur Flucht verhalf, stammen nur aus zweiter oder dritter Hand.

2. Keine Freude über die Gründung der *sozialistischen Arbeiterpartei [SAP]*   Gotha, 1875

1875 schließen sich in Gotha die *Sozialdemokratische Arbeiterpartei*, die 1869 von August Bebel und Wilhelm Liebknecht gegründet wurde, und Lassalles *Allgemeiner Deutscher Arbeiterverein* zur *Sozialistischen Arbeiterpartei (SAP)* zusammen.
Die bisher streng am wissenschaftlichen Sozialismus ausgerichtete *Sozialdemokratische Arbeiterpartei* schluckt dabei Kröten wie das "eherne Lohngesetz" und utopische Vorstellungen wie die *"Beseitigung aller Ungleichheit"*. Engels schreibt den deutschen Sozialisten, dass Marx und er sich von diesem Bündnis distanzieren.

Während Engels Abweichungen von der Lehre ärgern, fürchtet der deutsche Reichskanzler Otto von Bismarck die jetzt vereinte Macht der sozialistischen Bewegung. 1878 setzt er die Sozialistengesetze durch.

Alle sozialdemokratischen, sozialistischen und kommunistischen Organisationen werden verboten, ihre bisherigen Führer teils ins Gefängnis gesperrt. In dieser Krise unterstützt Engels die SAP finanziell. Die baut effektiv arbeitende Untergrundorganisationen auf, z.B. Taubenzuchtvereine.

Das Sozialistengesetz verbietet zwar die Partei, erlaubt aber, dass Einzelpersonen sich bei den Reichstagswahlen als Kandidaten der SAP aufstellen lassen. Bei den Reichstagswahlen 1881 gewinnen die Sozialisten in städtischen Gebieten zwölf Mandate. Engels schreibt in einem Brief: *"Herr Bismarck, der für uns seit sieben Jahren arbeitet, als würden wir ihn bezahlen, scheint sich jetzt kaum noch mäßigen zu können in seinen Bemühungen, den Sozialismus so schnell wie möglich herbeizuführen."*

Trotz ihrer Verärgerung über die SAP lassen Engels und Marx ihre Beziehungen zu ihr nicht abbrechen.

3. Henry Frederick Demuth-Lewis [Freddy] war nicht Friedrich Engels Sohn

Beim Kapitel Frederik Demuth versagen Friedrich Engels´ und Karl Marx´ Humanität und Solidarität auf das kläglichste. 1851 werden im Haushalt der

Familie Marx zwei Kinder geboren. Jenny Marx schenkt im März ihrer Tochter Franziska das Leben [das Kind starb 1852], ihre Haushälterin Helene Demuth am 23. Juni ihrem Sohn Frederik.

Helene Demuth ist nicht verheiratet. Wer ist der Vater? Friedrich Engels erklärt, der Junge sei von ihm. Es gibt Quellen, nach denen er diese Behauptung 1895 auf seinem Sterbebett widerrufen hat. Frederick Demuths Vater soll in Wirklichkeit Karl Marx sein. Um diesen zu schützen [vor dem Zorn seiner Ehefrau und vor dem Verlust seines Ansehens], habe Engels behauptet, Fredericks Erzeuger zu sein. Einige Details sprechen dafür, dass Engels tatsächlich diesen Kratzer an seiner Ehre zulässt, nur damit niemand Karl Marl angreifen kann.

Weder Marx noch Engels kümmern sich um den Jungen. Er wird aus dem Haushalt der Familie Marx entfernt und Pflegeeltern übergeben, einer Fuhrmannsfamilie. Helene Demuth bleibt Dienstmädchen der Familie Marx.
Friedrich Engels soll etwas Geld für Fredericks Ausbildung zum Büchsenmacher gezahlt haben. Ab 1883 arbeitet seine Mutter bei Engels. Wenn Frederick Demuth-Lewis seine Mutter besucht, muss er das Haus durch den Dienstboten-Eingang betreten.

Als Helene Demuth 1891 stirbt, erhält Frederik ihr gesamtes Erbe. Ihrem in Deutschland lebenden Neffen Adolf Riefer teilt Engels mit, Helene Demuth habe ihren Besitz einem Freddy Demuth (vormals Lewis) vererbt. Den habe sie nach dem Tod eines guten Freundes adoptiert. Aus Dankbarkeit habe er den Familiennamen Demuth angenommen. Dass Frederick Demuth ihr Sohn war, verschweigt Engels in seinem Brief.

Frederick Demuth wiederum soll gewusst haben, dass Karl Marx sein wirklicher Vater war. Demuth machte das aber nicht publik.

4. Engels verachtet Bretonen, Basken, Slawen, sowie Bauern und Juden

Das trifft zu, wobei er einige Vorurteile auch revidiert hat. Die Liste der Völker, über die sich Engels verächtlich äußert, lässt sich noch erweitern, beispielsweise auf die Dänen.
1848 geraten Dänemark und das Deutsche Reich in einen Konflikt um Schleswig. Engels kommentiert das in der *Neuen Rheinischen Zeitung* so: Deutschland nehme sich Schleswig mit dem Recht der Zivilisation und des Fortschritts gegen die Barbarei. Der Part der Barbarei fällt natürlich den Dänen zu.

Theoretisch kann Engels sich mit seiner Verachtung der Dänen auf Hegel berufen. Der stellt in seiner *"Enzyklopädie der philosophischen Wissenschaften"* fest, dass nur jene Völker am historischen Fortschritt teilhaben, die befähigt sind, Staaten zu gründen.

Entsprechend beurteilt Engels Bretonen, Gälen [irisch-schottische Kelten], Basken und Slawen als "Völkerruinen". Diese staatenlosen Völker kennen weder Industrie noch Unternehmer und Arbeiter und sind kontrarevolutionär eingestellt. *"Ihre ganze Existenz"* ist *"ein Protest gegen die große geschichtliche Revolution."*

Aus ähnlichen theoretischen Gründen beurteilt Engels alle "Bauern" negativ. Die waren an gesellschaftlichen Prozessen wie der Industrialisierung nur am Rande beteiligt. Engels nimmt Anstoß an ihrer konservativen Haltung, der sie ohne Nachdenken folgen. Sie sind für ihn Barbaren mitten in der Zivilisation.

Einen Teil seiner Meinungen revidiert Engels aber. Eine Änderung bewirkt Lydia Burns. Sie bringt ihn dazu, nach Irland zu reisen. Dort wird Engels von einem Verächter der Iren zu jemandem, der fasziniert ein Buch über ihre Geschichte schreiben will. 15 Notizbücher füllt er mit Details zu diesem Thema, doch er kann seine Absicht nie umsetzen.

Friedrich Engels äußert sich wie viele seiner europäischen Zeitgenossen negativ über Juden, so über Ferdinand Lassalle, den *"Baron Itzig", "Jud von der slawischen Grenze" und "jüdischen Nigger"*. Intellektuell überwindet Engels seine Vorurteile gegen Juden.
Kurz vor 1880 verfasst er einen fundamentalen Artikel, in dem er Antijudaismus als Reaktion untergehender Gesellschaftsschichten gegen die moderne Gesellschaft abstempelt.
Mit der Abschaffung des Privateigentums werde auch der Antisemitismus verschwinden, sagt er voraus.

Trotz seiner sozialrevolutionären Sicht bleibt Engels in vielen seiner Einstellungen ein Kind seiner Zeit. Seine Äußerungen fallen im Kontext des 19. Jahrhunderts. Nicht nur er versteht Westeuropa als Nabel der Welt und denkt in einer Abstufung von Rassen und Kulturen.

Weiterhin denkt Engels konfliktfreudig und akzeptiert Kriege als normale Mittel der Auseinandersetzung. Darum prophezeit er 1848/49 brutal und konsequent: *"Der nächste Weltkrieg wird nicht nur reaktionäre Klassen und Dynastien, er wird auch ganze reaktionäre Völker vom Erdboden verschwinden machen. Und das ist auch ein Fortschritt.""*

5. Friedrich Engels war und blieb in Wirklichkeit ein Bourgeois

Für viele seiner Kritiker hat der Unternehmersohn Engels seine Zugehörigkeit zur Oberschicht nur theoretisch verlassen. Er redet zwar von Sozialismus und Revolution des Proletariats, aber in der Realität sprechen sein exklusives Wohnen, sein Hauspersonal, sein Weinkeller und der Besitz eines Reitpferdes für sich. Seinen Snobismus beweist Engels bei einem Gespräch mit Eduard Bernstein. Beide diskutieren darüber, ob die Exilzeitung *"Der Sozialdemokrat"* regelmäßig über wirtschaftliche Entwicklungen berichten solle. Engels erklärt rigoros: *"Ich habe auch Papierchen, kaufe und verkaufe zuweilen. Aber so kindlich bin ich doch nicht, mir bei meinen Operationen in der sozialistischen Presse Rat zu holen."* Als er 1895 stirbt, verfügt er über ein Aktienportfolio von rund 2,2 Mill. engl. Pfund, angelegt z.B. in Eisenbahn-, Gas- und Kolonialgesellschaften. 1869, bei seinem Ausscheiden bei Ermen & Engels, hat er ca. 1,2 Mill. engl. Pfund erhalten. Er, der über Steuern klagende Rentier, hat sein Vermögen von 1869 bis 1895 mehr als verdoppelt.

War Friedrich Engels also ein Champagnersozialist? Es kommt darauf an, ob Kritiker das Wort Champagner betonen oder das Wort Sozialist. Engels selbst sah sich als Sozialist. *"Wird es mir je einfallen, mich zu entschuldigen dafür, dass ich auch einmal Associé in einer Fabrik gewesen bin? Der sollte schön ankommen, der mir das vorwerfen wollte,"* erklärt er.

"Man kann [...] ganz gut selbst Börsianer und zur gleichen Zeit Sozialist sein und deshalb die Klasse der Börsianer hassen und verachten." Wenn er wirklich Sozialist sei, warum verteile er nicht sein komplettes Vermögen an die Bedürftigen, fragt ihn 1860 der Fabrikantensohn Ernst von Eynern bei einer gemeinsamen Wanderung durch Wales. Engels erklärt ihm, eine nur tropfenweise Hilfe sei töricht.

Die internationale Arbeiterschaft müsse die Umwandlung sämtlichen Privateigentums in gemeinschaftlichen Besitz erreichen. Erst danach könne eine neue Gesellschaft entstehen. Von Engels´ Denken her verzögern einzelne Hilfsaktionen á la barmherziger Samariter den Klassenkampf.

2.7   Autor und Lektor
Manchester, 1850-1870

"Ich weiß, du steckst in schwierigen Geschäften, aber ich brauche deine Hilfe und bitte dich darum, einen Artikel zum Thema Mehrwert zusammenzustellen." Mit Bitten wie dieser wendet Karl Marx sich öfter an Friedrich Engels. Der doppelt geforderte Friedrich Engels [Er erfüllt gleichzeitig seine Aufgaben bei Ermen & Engels mit vollem Engagement.] kann nur wenig Kraft in eigene Projekte stecken. Dabei würde er gerne eigene wichtige Pläne und Ideen verfolgen [z.B. ein Buch über die Geschichte Irlands].

Noch 1850 entstand Friedrich Engels´ Buch *"Der deutsche Bauernkrieg"* in London. [Also bevor er nach Manchester gegangen ist.] Engels schreibt über den gescheiterten Bauernaufstand in Deutschland, um all jenen eine Perspektive zu geben, die über das Scheitern der Revolution von 1848/49 verzweifeln.

Bei seiner Analyse der Ereignisse von 1524/25 hält sich Engels an die Grundregeln des historischen Materialismus. Als erstes analysiert er die ökonomischen Bedingungen der damaligen Agrargesellschaft, als zweites die existierenden Stände wie Adel, städtische Bürgerschaft und Bauern.

Alle damals virulenten Gedanken, selbstverständlich auch die der Reformatoren, sind nach Engels Überbau der ökonomischen Basis. In Thomas Müntzer, einen Radikalen aus dem Kreis der Reformatoren, sieht Engels einen Protokommunisten. Dessen Theologie sei ganz nah am Atheismus gewesen und sein politisches Programm ähnelte dem des Kommunismus. Der Aufstand der Bauern misslingt nicht nur, weil die Bürger sich an weniger aufsässige Reformatoren wie Luther halten. Müntzer und die Bauern scheitern, weil ihre Ideen den ökonomisch-technischen Standards ihrer Zeit weit voraus sind.

Engels´ Leser können bei dieser Lektüre Parallelen zu ihrer eigenen Gegenwart ziehen.
[Erstveröffentlichung in den Heften fünf und sechs der Neuen Rheinischen Zeitung – Politisch-ökonomische Revue, 1850]

In Manchester muss Engels nicht nur in der Firma seines Vaters arbeiten, sondern auch für Karl Marx: Charles Dana, Geschäftsführer der *New York Daily Tribune*, hat 1851 Marx gebeten, wöchentlich einen Artikel zu schreiben. Pro Artikel zahlt ihm die auflagenstärkste Zeitung der Welt [200.000 Exemplare] rund 200 engl. Pfund. Marx beherrscht anfangs das schriftliche Englisch zu wenig und bittet Engels, den Texten den notwendigen Schliff zu geben. Ist Marx krank, schreibt Engels die Artikel an seiner Stelle.

Ein weiteres Aufgabenfeld für Engels ist das Sammeln von Fakten für *"Das Kapital."* Marx bittet ihn beispielsweise um eine Statistik darüber, welche Art von ArbeiterInnen bei Ermen & Engels beschäftigt sind. Zusätzlich liest und kritisiert Engels auch die Manuskripte des *"Kapitals".* Marx greift bei der Korrektur die meisten Anregungen Engels´ auf.

Der muss seinem Freund sogar noch eine Reihe freier Tage opfern. Denn einige Abschnitte des *"Kapitals"* sind so komplex, dass sie sich deswegen treffen müssen.

"Wenn das Ding gedruckt ist, betrinke ich mich erst einmal", freut sich Friedrich Engels. Nach 17-jähriger Vorarbeit erscheint 1867 *"Das Kapital Band 1"* [Kritik der politischen Ökonomie, Band 1, Der Produktionsprozeß des Kapitals]. Marx wird bis zum Ende seines Lebens Material für die Bände 2 und 3 sammeln.

Doch Band 1 findet nicht die erwartete große Leserschar. Im letzten Satz verdeutlicht Marx zwar sein Engagement für die Ausgebeuteten: *"Was uns allein interessiert, ist das [...] von der politischen Ökonomie [...] proklamierte Geheimnis: kapitalistische Produktions- und Akkumulationsweise, also auch kapitalistisches Privateigentum, bedingen die Vernichtung des auf eigener Arbeit beruhenden Privateigentums, d.h. die Expropriation des Arbeiters."*

Jedoch locken die Überschriften der sieben Abschnitte von *"Das Kapital"* nicht viele LeserInnen zu
eingehender Lektüre:

I.   Ware und Geld

II. Die Verwandlung von Geld in Kapital

III. Die Produktion des absoluten Mehrwerts

IV. Die Produktion des relativen Mehrwerts

V.   Die Produktion des absoluten und relativen
      Mehrwerts

VI. Der Arbeitslohn

VII. Der Akkumulationsprozess des Kapitals

Ein Kernbegriff sozialistischer Emanzipation ist *die
Arbeit.* Denn das zu beseitigende Übel ist die
Entfremdung des Menschen von seiner *Arbeit*.
Deren Bedeutung geht für den Menschen weit über
die Existenzsicherung hinaus. Mit seiner *Arbeit* verwirklicht der Mensch sich selbst. Werkzeuge ver-
wendend, mit denen er Materialien bearbeitet,
schafft der Mensch Produkte, wobei Ideen, Krea-
tivität und Geschick gefordert sind.
Der Arbeitsprozess rührt ebenfalls an ästhetische
und künstlerische Dimensionen. Am Ende erfüllt den
Arbeiter Stolz auf seine Leistung. Zufrieden gibt er
das Produkt weiter, damit hat er seinen Beitrag für
die soziale Gemeinschaft geleistet.

Karl Marx will mit *"Das Kapital"* den Sozialismus mit einem wissenschaftlichen Instrumentarium untermauern. Doch *„Das Kapital"* und seine Begrifflichkeiten stoßen in Teilen der sozialistischen Bewegung auf Unverständnis und Ablehnung.

So erklärt der Mitbegründer der englischen *Socialist League,* Willliam Morris, öffentlich*: "Offen gesagt, weiß ich nicht, was Marx´ Werttheorie ist, und ich will verdammt sein, wenn ich es wissen will."*

Ebenso ablehnend fällt der Kommentar des niederländischen Sozialisten Hendrik Gerhard aus. 1872 meint er: *"Unbegreiflich, dass dieser Mann [= Marx] es für nötig gehalten hat, so ein dickes Buch mit achthundert Seiten zu schreiben, nur um zu beweisen, daß der Mehrwert, den der Arbeiter schafft, nicht in seine eigene Tasche fließt, sondern von anderen abgeschöpft wird; das habe ich meiner Lebtage gewußt, aus Erfahrung."*

Die erste Auflage des *„Kapitals"* benötigt öffentliche Aufmerksamkeit und Engels bittet prominente Sozialisten und Sympathisanten, sich für die Verbreitung von Marx´ Hauptwerk einzusetzen. Zeitungsredaktionen werden von Engels mit selbst verfassten Rezesionen versorgt, die je nach Leserschaft unterschiedliche Akzente setzen.

Dieser von Engels ebenfalls nicht eingeplante Einsatz für *"Das Kapital"* erfolgt von Manchester aus.

Nur in einem Punkt lehnt Engels jede Unterstützung für Marx ab. 1864 wurde die *Internationale Arbeiter-Assoziation* [Erste Internationale] gegründet. Marx engagiert sich dort, was Engels nicht begeistert. Seiner Meinung nach soll Marx sich auf die Arbeit am *"Kapital"* konzentrieren. Es sei doch vorauszusehen, dass auch diese neue Organisation der Sozialisten sich in Flügelkämpfen zerfleischen werde, fürchtet Engels. Er ist nicht bereit, in Manchester einen Ableger der Organisation zu gründen.

Engels und der „dialektische Materialismus"

Während Marx´ Beitrag zur wissenschaftlichen Fundierung des Kommunismus der „historische Materialismus" ist, beruft sich der „dialektische Materialismus" auf Friedrich Engels.

[Den Begriff „dialektischer Materialismus" prägte Georgij Plechanow 1891. Engels sprach von der „Dialektik der Natur". Ebenso sprach Marx immer von seiner „dialektischen Methode" und nie vom „historischen Materialismus".]

Trotz aller Belastungen informiert sich der umtriebige Friedrich Engels ständig über die neue naturwissenschaftliche Erkenntnisse. Schließlich ist Manchester zu seiner Zeit ein Hotspot der Wissenschaften. So untersucht dort der Chemiker James Joule, was mit der Bewegungsenergie geschieht, wenn sie sich in Wärme wandelt. Er weist nach, dass die Menge an Energie erhalten bleibt, also nie verloren geht.

Eine Reihe von Wissenschaftlern hält vor Wissbegierigen wie Friedrich Engels Vorträge. Da Engels sich zeitgleich in Hegels *Naturphilosophie* einliest, stellt er sich die Frage, ob die neuen naturwissenschaftlichen Erkenntnisse nicht mit dem dialektischen System verbunden werden können.

Engels gelangt zur Überzeugung, dass nicht allein Ökonomie und Gesellschaft sich dialektisch entwickeln, sondern die gesamte Natur. Er erarbeitet das Konzept des dialektischen Materialismus, der sich auf Natur und Naturwissenschaft bezieht.

Für Engels entfaltet sich die Natur nach den ihr innewohnenden dialektischen Gesetzen. In diesem „natürlichen" Umfeld erfolgt das Handeln der Menschen, das wiederum der historische Materialismus analysiert.

Engels entwickelt drei Gesetze zur Dialektik der Natur: Das 1. Umschlagen von Quantität in Qualität, die 2. Durchdringung der Gegensätze und die 3. Negation der Negation.

Ein Beispiel für den Umschlag der Quantität in Qualität ist die Erhitzung von Wasser. Eine bestimmte Menge von flüssigem Wasser hat eine Quantität von 95°C. Die Quantität wird um 1° C erhöht, dann immer weiter um je 1° C, bis es die Quantität von 100° C erreicht. Damit ändert sich seine Qualität. Es ist nicht mehr flüssig, sondern wird gasförmig. Die Prozesse sind in beiden Richtungen möglich. Mehr oder weniger Quantität wird die Qualität eines Stoffes ändern.

Das zweite Gesetz behandelt die *Einheit der Widersprüche*.
Ein Magnet hat zwei gegensätzliche Pole. Um seine Wirkung zu erzielen, benötigt er beide, den *Nordpol* und den *Südpol.*

Das Dritte Gesetz ist die *Negation der Negation*. Innere "Widersprüche" führen zur Entwicklung eines anderen Systems. Die Geologie befasst sich mit negierten Negationen, wenn sie Abfolgen alter und neuer Gesteinsformationen untersucht.

Die drei Gesetze ermöglichen anregende Überlegungen. Beispiel Anthropologie: Der Mensch entwickelte sich nicht durch seine Denkfähigkeit, sondern auf einer materiellen Basis, die er selbst ständig weiterentwickelte: durch den Gebrauch von Sprache, sein großes Hirn und den immer perfekter werdenden aufrechten Gang. Letztlich schuf [und schafft] der Mensch sich selbst durch seine Arbeit.

Engels´ Ideen haben ideologische Folgen: Im 20. Jahrhundert müssen marxistische Naturwissenschaftler im *dialektischen Materialismus* ein unumstößliches System sehen. Parteiführungen schränken Möglichkeiten von Theorie und Forschung erheblich ein.
Katastrophal wirkt sich Engels´ Einstellung zur Mathematik für die Wissenschaft in den orthodox-sozialistischen Staaten aus. Engels hält es für Unfug, theoretische Mathematik zu betreiben. Mathematik habe reale Phänomene widerzuspiegeln. Alles andere führe nur zu abstrusen Gedanken.

Natürlich begeistert sich Engels für Charles Darwins Werk *"Über den Ursprung der Arten"*, das 1859 veröffentlich wird: Die Natur entwickelte sich phasenweise, kein Gott schuf Pferde oder Menschen.
Den bald entstehenden Sozialdarwinismus dagegen lehnt Engels ab. Nach seiner Überzeugung enden Machtkämpfe unter Menschen mit der Dominanz

einer ganzen Klasse und nicht mit dem individuellen Überleben des Stärksten.

Später werden Marx´ und Engels´ Anhänger verkünden, Darwin habe der Welt ein neues naturwissenschaftliches Verständnis gegeben, Marx habe ihr historisches Bewusstsein verändert.
Denn bereits ein Vierteljahrhundert vor Darwins *"Ursprung der Arten"* verkündete Karl Marx 1844 in den Deutsch-französischen Jahrbüchern: Vor der Reformation sei Deutschland ein Knecht Roms gewesen, jetzt sei es in veralteten monarchischen Systemen verfangen.

In *"Das Kapital"* begründet Marx [mit Engels´ Unterstützung] seinen Ansatz: *"Wie damals der Mönch, so ist es jetzt der Philosoph, in dessen Hirn die Revolution beginnt." [...] Wie die Philosophie im Proletariat ihre materiellen (Waffen findet), so findet das Proletariat in der Philosophie seine geistigen Waffen [...]*

(Sobald) der Blitz des Gedankens gründlich in diesen [...] Volksboden eingeschlagen ist, wird sich die Emancipation der Deutschen zu Menschen vollziehn. [...] Der Kopf dieser Emancipation ist die Philosophie, ihr Herz das Proletariat."

2.8 Intensive Zusammenarbeit mit Marx London, 1870 - 1883

Der 30. Juni 1869 ist ein wichtiger Tag für Friedrich Engels. Er beendet seine Tätigkeit bei Ermen & Engels und scheidet komplett aus der Firma aus. Die Brüder Ermen zahlen ihm dafür über eine Million engl. Pfund. Friedrich Engels und Lydia Burns bleiben vor dem Umzug nach London noch über ein Jahr in Manchester.

In London mietet Engels ein großes Haus. Seine Tage gestaltet er in gleichmäßigem Rhythmus. Das Arbeitszimmer und sein Schreibtisch sind penibel aufgeräumt, Engels arbeitet mit calvinistischem Eifer. Während der letzten 25 Jahre seines Lebens wird er Berge von Arbeit bewältigen, ohne dass Lebensgenuss und Humor für ihn zu kurz kommen.

Solange Karl Marx lebt [bis 1883] sucht Engels ihn fast täglich auf. Beide wohnen nicht weit auseinander. Sie gehen spazieren oder halten sich in Marx´ Arbeitszimmer auf, diskutieren oder schweigen miteinander. Wieder in sein Haus zurückgekehrt, isst Engels um 19 Uhr mit Lydia, nimmt spät abends noch einen Imbiss und geht gegen zwei Uhr nachts ins Bett.

Sonntags ist sein Haus für Gäste offen. Er diskutiert und trinkt mit ihnen. Es wird gesungen, Gedichte werden vorgetragen. August Bebel erinnert sich später: *"Am puritanischen Sonntag [...] führte Engels offenes Haus. Wer kam, war willkommen und vor morgens zwei, drei Uhr verließ keiner seiner Gäste sein Haus."*

Französische und englische Spitzel überwachen die Treffen. Engels kommentiert das belustigt: *"Die Narren glauben offenbar, dass wir Dynamit herstellen, während wir uns in Wirklichkeit über Wein unterhalten."*

Die Internationale Arbeiter-Assoziation

[1. Internationale]   London, 1864 - 1876

Kurz nach seinem Umzug nach London 1870 wird Engels in den Generalrat der 1. Internationale gewählt. Seine hervorragenden Sprachkenntnisse qualifizieren ihn zum korrespondierenden Sekretär der 1. Internationale. In dieser Schlüsselposition trägt er die Verantwortung für die Koordinierung gemeinsamer Aktionen. Mit geschickter Organisation und auch Polemik verfolgt er zwei gegensätzliche Ziele: Zum einen seine und Marx´ Positionen durchzusetzen und zum andern das Verbleiben der unterschiedlichen Fraktionen in der 1. Internationale zu bewirken.

Das gelingt nur bedingt: 1872 setzen Engels und Marx die Verlegung des Generalrats nach New York durch, wo er 1876 aufgelöst wird. Hauptursache für das Ende der 1. Internationale ist der Streit zwischen den Fraktionen Marx und Bakunin.

Der russische Adlige *Michail Bakunin* versteht die von ihm gewünschte *Anarchie* als Freiheit für jeden einzelnen, Freiheit für die Gemeinwesen und für die ganze Menschheit. Er träumt davon, dass sich die Gesellschaft in kleinen Kommunen organisiert, die völlig autonom sind.

Die Anarchisten werfen den Marxisten vor, ihr Sozialismus lenke *"alle Kräfte der Gesellschaft auf den Staat [...], weil er notwendig zur Zentralisierung des Eigentums in den Händen des Staates führt".*

Bakunins Anhänger wollen die Abschaffung des Staates und die radikale Auslöschung des Prinzips der Autorität.

Sie können sich nicht für eine "Revolution" des Proletariats begeistern: *"Die Revolution, gewiss das autoritärste Ding, das es gibt, sie ist der Akt, durch den ein Teil der Bevölkerung dem anderen Teil seinen Willen vermittels Gewehren, Bajonetten und Kanonen, also mit den denkbar autoritärsten Mitteln aufzwingt",* schreibt Bakunin.

Engels hält dagegen. Absolute Freiheit lasse sich nicht verwirklichen. Kein Zug könne fahren, wenn die Mitarbeiter von Eisenbahngesellschaften nach rein anarchistischen Prinzipien handelten.

Der Gedanke der Anarchie findet viele Anhänger. Michail Bakunin hat Charisma und Organisationstalent. Engels und Marx können ihn zwar aus der 1. Internationale ausbooten, aber diese organisatorische Entscheidung lässt keinen Anarchisten zum Marxisten werden.

Über die Arbeit des von Marx und Engels geprägten Generalrats und seine Methoden verbreiten sich negative Berichte. So schreibt der ehemalige Generalsekretär John Hales: *"Es hat nie eine geheime Verschwörung gegeben, die mit größerer Heimlichkeit vorgegangen wäre als der alte Generalrat [...]. Das ging so weit, daß beispielsweise ich, als der damalige Generalsekretär des Rates, die Adressen der Föderationen auf dem Kontinent nie gekannt habe und daß es mir nicht möglich war, sie in Erfahrung zu bringen."*

Sergej A. Podolinskij kommentiert die Beschlüsse des Haager Kongresses von 1872 wie folgt: *"Gestern fiel die Entscheidung über den Generalrat, natürlich zugunsten des Generalrats. [...] Faktisch bedeutet das einen Sieg der Zentralisten, aber moralisch ist der wirkliche Sieg den Anarchisten zugefallen, erstens, weil der Sieg der Zentralisten bei weitem nicht so vollständig war, wie sie gehofft haben, denn die Neutralen, die Belgier und die Holländer, verbanden sich mit den Anarchisten, und zweitens, weil Marx,*

Engels und Co. durch ihr unschönes Verhalten die öffentliche Meinung sowohl des Kongresses wie die des Publikums gegen sich aufbrachten [...]."

Marx´ Ehefrau Jenny erlebte das Ende der 1. Internationale so: *"Und daneben die fast unerträglichen Arbeiten für die Intern{ationale}. Solange der Mohr [= Marx] alle Arbeit hatte und mit Mühe und Not durch Diplomatisieren und Lavieren die widerspenstigen Elemente zusammenhielt, [...] alle Mühe und keine Ehre hatte, schwieg das Gesindel.*

Nun da die Feinde ihn ans Licht gezogen, seinen Namen in den Vordergrund gebracht haben, nun tut sich die Meute zusammen, und Polizisten und Demokraten heulen denselben Refrain vom "Despotismus, der Autoritätssucht und dem Ehrgeiz"!

Wieviel besser und wohler wäre es ihm, hätte er ruhig weitergearbeitet und den Kämpfenden die Theorie zum Kampfe weiterentwickelt. Aber Tag und Nacht keine Ruhe! [...]"

Marx´ Bekanntheit wuchs durch sein Amt als erster Sekretär der Internationalen Arbeiter-Assoziation. Doch strahlender und gefürchteter wird der Name Karl Marx durch sein Eintreten für die Pariser Commune.

Die Pariser Commune

1871 wird Marx in London mit einem Schlag berühmt und berüchtigt. Sein Verbrechen: Das Verfassen eines 40 Seiten langen und in kommunistischer Wolle gefärbten Berichts über die Pariser Commune.

In bürgerlichen Kreisen bleibt die Pariser Commune bis heute als radikal in Erinnerung. Sie verbinden die *Commune* mit blutigen Kämpfen und radikalem Sozialismus. Einer Reihe von Gräueltaten geht auf das Konto der Commune. Doch weitaus mehr wurden von Reaktionären und Konservativen verübt .

Die französische Nationalregierung lässt [die Zahlenangaben differieren] ganze 40.000 Anhänger der Commune erschießen oder verurteilen und zum Teil bis nach Neukaledonien deportieren.

Vorausgegangen waren jene historischen zehn Wochen vom 18. März bis zum 28. Mai 1871, in denen die Stadt Paris eine eigenständige Republik gegründet hat. Sie gibt sich eine eigene Verfassung, eine Reihe eigener Gesetze und wählt eine eigene Regierung.

Die Vorereignisse: 1870 hat Frankreich unter Kaiser Napoleon III. den Krieg gegen Deutschland verloren und muss sich eine neue politische Struktur geben. Die republikanisch eingestellten Bürger von Paris hatten sich nie für Napoleon III. begeistert. Sie fürchten in der brodelnden Zeit der Jahre 1870/71, dass Frankreich sofort einen neuen König wählen wird. Das progressive Paris sieht sich in einem Gegensatz zum konservativen „Land".

Beamte und Soldaten der französischen Regierung verlassen Paris. In der Stadt wird ein Rat gewählt, um mit der französischen Regierung zu verhandeln. Im Rat werden unterschiedlichste Vorstellungen vertreten. Das gewählte Conseil de la Commune verständigt sich auf Maßnahmen zugunsten der einfachen Bevölkerung.

Am 19. April versucht die Commune in der "Erklärung an das französische Volk" ihr Modell zu propagieren. Doch außerhalb von Paris finden die Ideen wenig Echo. Der Konflikt zwischen dem Land und seiner Hauptstadt wird mit Gewalt gelöst, die *Commune* besiegt.

Marx ist über das Entstehen der *Commune* begeistert und fasst die Ereignisse in *"Der Bürgerkrieg in Frankreich"* aus seiner Sicht zusammen.

Ihn begeistert: Hier haben Menschen Geschichte geschrieben, von sich aus gehandelt und fortschrittliche Entwicklungen bewirken wollen.

[Die *Commune* verdankte ihre Existenz der Initiative ihrer Einwohner. Sie überwand die Trennung von Staat und bürgerlicher Gesellschaft. Eine demokratisch gewählte, arbeitende Körperschaft ersetzte das Parlament. Die Armee war aufgelöst. An ihre Stelle trat eine allgemeine Volksbewaffnung ...]

Bei seiner Darstellung unterschlägt Marx, dass auch Handwerker und Angestellte zur *Commune* gehörten. Zudem bagatellisiert er die von Mitgliedern der *Commune* ausgeübten Gräuel. Die seien von der Gegenseite provoziert worden. Große Folgen hat Marx´ Behauptung, dass die 1. Internationale großen Einfluss auf die *Commune* hatte, was nicht den Tatsachen entspricht.

"Der Bürgerkrieg in Frankreich" findet viele Leser. Innerhalb von zwei Monaten werden drei Auflagen gedruckt. Marx ist plötzlich prominent, nachdem er 20 Jahre lang in London ein Niemand war.

Viele französische Zeitungen stellen Marx als eine Marionette Bismarcks dar. Der deutsche Reichskanzler habe Frankreich über Marx und die *Commune* schaden wollen.

Selbst Friedrich Engels´ Mutter Elise macht Marx für die *Pariser Commune* verantwortlich. Karl Marx habe ihren Sohn in diese furchtbare Sache hineingezogen. Engels kommentiert das so: *"[...] ich erinnere mich aber freilich auch, dass früher Marx´ Verwandte behaupteten, ich hätte ihn verdorben."*

Marx´ Darstellung, dass die 1. Internationale entscheidende Einflüsse auf die *Commune* hatte, bleibt nicht ohne Auswirkungen. In einigen Ländern werden sozialistische Organisationen und Personen verfolgt, die zur Internationale gerechnet werden.

Der Anti-Dühring   London, 1878

und   *"Die Entwicklung des Sozialismus von*
         der Utopie zur Wissenschaft"   1880

Mitte der 1870er Jahre gewinnt unter den deutschen Sozialisten ein neuer charismatischer Kopf viele Anhänger: Der blinde Philosoph Eugen Dühring vertritt ein einfach zu verstehendes Programm. Die Arbeiterklasse brauche möglichst bald spürbare materielle Verbesserungen.
Die seien durch Streiks zu erreichen, kollektive Aktionen, nötigenfalls auch Gewalt. Endziel seien autonome Kommunen von Werktätigen. Marx´ und Engels´ Lehre hält Dühring für nicht realisierbar und greift die beiden auch persönlich an. Engels gehöre doch selber zu den Ausbeutern und Marx sei eine *"wissenschaftliche Jammergestalt"*.

Liebknecht drängt Friedrich Engels, auf diese Angriffe zu reagieren. Marx´ Anhänger benötigen ein Gegengewicht zu Dührings populären Veröffentlichungen. Engels stellt sich der Aufgabe, die kommunistisch-marxistische Weltanschauung für deutsche Leser verständlich und überzeugend darzustellen.

Seine Texte erscheinen erst im *Vorwärts,* anschließend werden sie als Buch unter dem Titel *"Herrn Eugen Dührings Umwälzung der Wissenschaft"* veröffentlicht. Marx beteiligt sich am *"Anti-Dühring"* mit einem Kapitel über Ökonomie.
Engels betont, dass Marxismus eine Wissenschaft ist. Marx greife auf Hegel und die Dialektik zurück.

Doch Hegels Dialektik sei dem Idealismus verhaftet gewesen. Marx habe die Philosophie vom Kopf auf die Füße gestellt und den Idealismus durch materielle Fakten ersetzt. Mit der dialektischen Methode lassen sich Geschichte und Naturwissenschaften erklären.

Engels analysiert den Kapitalismus mit Hilfe der drei von ihm aufgestellten Gesetze. Der Umschlag von Quantität in Qualität erfolgt, wenn mehr oder weniger Lohn gezahlt wird, mehr oder weniger Unterdrückung erfolgt.

Gemäß dem Gesetz der *Einheit der Widersprüche* sind Bourgeoisie und Proletariat sich aufeinander beziehende Teile der bürgerlichen Gesellschaft. Mit der Negation der Negation versucht Engels nachzuweisen, dass der Mensch sich durch seine Arbeit weiterentwickelt hat.
Nachdem er von den Bäumen gestiegen ist und sich auf die Füße gestellt hat, sind seine Hände frei, um Werkzeuge zu entwickeln und zu nutzen. Um größere Aufgaben zu meistern, bilden die Werkzeugnutzer Gemeinschaften und sie benötigen Sprache, um Verabredungen treffen zu können.

Der *"Anti-Dühring"* erreicht jene hohen Auflagenzahlen, die dem *"Kapital"* vorerst versagt bleiben. Einer der führenden Köpfe des Kommunismus nach Marx´ und Engels´ Tod, Karl Kautsky, vergleicht beide Werke. Es gebe *"kein Buch, das für das Verständnis des Marxismus so viel geleistet"* hat wie der "Anti-Dühring". *"Wohl ist das Marxsche "Kapital" gewaltiger. Aber erst durch den "Anti-*

Dühring" haben wir das "Kapital" richtig lesen und verstehen gelernt."

1880 verfasst Engels eine auf Teilen des *"Anti-Dühring"* beruhende Einführung in den wissenschaftlichen Sozialismus für Frankreich, *"Die Entwicklung des Sozialismus von der Utopie zur Wissenschaft."*
Auch mit diesem Werk greift Engels aktiv in einen Streit ein: In Frankreich ist die kommunistische Fraktion zerstritten. Außer den auf Marx´ Linie liegenden Kollektivisten gibt es die Possibilisten. Die sind für Reformen statt Revolution und einen Sozialismus, der von den lokalen Gemeinden gestaltet wird.
Engels argumentiert in seinem Buch sehr geschickt, indem er positive Leistungen der anzugreifenden Gegner benennt. *Saint-Simon* habe richtig erkannt, dass ökonomische Realitäten sich auf politische Institutionen eines Landes auswirken. *Charles Fourier* hat recht, wenn er kritisiert, wie die bürgerliche Gesellschaft mit der Sexualität umgeht und *Robert Owen* müsse für seine Art der Führung von Fabriken gelobt werden.

Doch letztlich sei der Sozialismus dieser drei Denker Utopie geblieben. Der Sozialismus muss als Wissenschaft auf die Füße gestellt werden. Marx liefere dazu die Mehrwerttheorie und die Analyse der Klassenkämpfe. In Zukunft werden nach heftigen Krisen quantitative Veränderungen die Gesellschaft in eine neue Qualität umschlagen lassen. *"Das Eingreifen einer Staatsgewalt in gesellschaftliche Verhältnisse wird auf einem Gebiete nach dem anderen über–*

flüssig und schläft dann von selbst ein. [...] Der Staat wird nicht 'abgeschafft', er stirbt ab."

2.9 Differenzen zwischen Engels und Marx?

Der "Anti-Dühring" fand schnell viele Leser, was dem "Kapital" nicht gelungen war. Marx´ Thesen wurden im "Anti-Dühring" verkürzt und vereinfacht. Reagierte Marx darüber verärgert? Dafür finden sich keine Hinweise. Schließlich las Marx das gesamte Manuskript vor dessen Veröffentlichung und steuerte selbst ein Kapitel zum "Anti-Dühring" bei.

Gab es in dem "Bruderbund" Marx-Engels wirklich nie Differenzen? Zumindest gibt es bei aller Einigkeit auch bemerkbare Unterschiede. [dazu auch : Engels und der „dialektische Materialismus", S. 106ff.] Zum so genannten *Marx-Engels-Problem* gibt es zwei Interpretationslinien.

Linie eins sieht Marx und Engels als *geistige Zwillinge*, die ihre Arbeitsfelder trennten. Marx befasste sich mit der Ökonomie, Engels bearbeitete die Felder Philosophie, Anthropologie und Staatstheorie.

Interpretationslinie zwei spricht vom *tragischen Irrtum*. Engels habe alle grundlegenden Konzepte von Marx missverstanden. Zudem habe er sie popularisiert und in nur restringierter Form weitervermittelt. Es sei verantwortlich für die darauffolgenden realsozialistischen Entwicklungen. *"Deshalb war es der Engelsianismus, der die Fundamente des künftigen Dogmatismus, des künftigen materialistischen Idealismus von Stalin legte",* urteilt Noman Levine.

Engels selbst hat Wert darauf gelegt, sich in Marx´ Windschatten zu bewegen. *"Alle originalen Gedanken, unsere ganze Lehre stammen von Marx. Ich habe nichts Besonderes entdeckt",* erklärt Engels 1893 seinem Besucher Charles Rappoport.

Dennoch denkt und handelt Engels auch eigenständig. *Erstens:* Marx starb 1883, Engels lebte noch bis 1895. Zwölf Jahre lang war Engels der Kopf der sozialistischen Bewegung. *Zweitens:* Genau in diesem Zeitraum erfolgt ein bemerkenswerter Aufschwung der marxistischen Bewegung. Neue Lagen erfordern u.U. andere taktische Entscheidungen.
Vera Ivanovna Zasulic besucht noch 1895 Friedrich Engels und freut sich, *"daß er trotz seiner 75 Jahre geistig nicht verknöcherte (mir fiel das besonders auf im Vergleich mit unseren russischen Halb-Alten). Er beurteilte alles Neue souverän, sozusagen*

auf der Grundlage seines "Selbst" und nicht nach Maßstäben, die er aus seiner Jugendzeit im Gedächtnis behalten hat. Das ist wahrhaftig selten."

Drittens: Die Auslegung des von den oberen Rängen Geschriebenen und Gesprochenen obliegt nach-folgenden Rängen und unmittelbaren Erben. Die Führungsriege der Nachfolger klammert sich meist an die Worte ihrer großen Vordenker Engels und Marx.

Aber zu bestimmten Punkten setzt sie eigene Akzente.
So wird Lenin auf eine *zentral gelenkte Partei* setzen, die den *Arbeitern erst das sozialistische Bewusstsein* vermitteln muss.
Sein Nachfolger Stalin verkündet die These vom *Sozialismus in einem Land* und erklärt 1936, nunmehr sei *die Sowjetunion ein sozialistischer Staat.*
Gleichzeitig beharren Lenin und Stalin beharren darauf, im Sinne von Marx und Engels zu handeln. Von deren wissenschaftlichen Erkenntnissen darf man um keinen Preis abrücken.

Die Ideen der Dioskuren verknöchern unter solchen Hütern zu ewig gültigen Gesetzen. Mochten sich Produktionsweisen und Formen des Kapitalismus ändern, im sozialistischen Lager durfte niemand ungestraft von den Buchstaben der Vordenker abweichen. Der Marxismus erleidet in der Praxis das Schicksal vieler mitreißender Ideen. Ein Teil seiner Anhänger transformiert ihn zu einer unbeweglichen Ideologie.

Aus diesem Grund soll es Lücken im Moskauer Marx-Archiv geben. Diese Lücken bestehen genau dort, wo Experten Differenzen zwischen Marx und

Engels vermuten. Entfernten ihre Erben entsprechende Dokumente, um ihren Anhängern Engels und Marx als monolithischen Block darzustellen?

Denn für Gegner und für engstirnige Anhänger könnte das Prädikat *wissenschaftlicher Sozialismus* seinen Glanz verlieren, wenn offen zugegeben werden müsste, dass Engels und Marx in wichtigen Punkten unterschiedliche Auffassungen vertraten.

Orthodoxe Parteiführungen benötigen zur Sicherung ihrer eigenen Position das Bild absoluter Geschlossenheit im Denken von Marx und Engels. Wenn aber selbst Marx und Engels ein Problem ganz unterschiedlich beurteilten, dann können abweichende Meinungen von den Beschlüssen eines Zentralkomitees doch auch nicht verboten werden.

Zu Marx´ und Engels´ Lebzeiten berichtet der englische Sozialist Henry Mayers Hyndman über Spannungen im Bruderbund. Jenny Marx sehe in Friedrich Engels einen zwar begabten und loyalen, aber unsympathischen Gehilfen ihres Mannes. Sie bezeichne Engels sogar als "bösen Geist".
Hyndman verfügte über intime Einblicke in den Marxschen Haushalt. Er schreibt, in Wahrheit beruhe die Beziehung des "Bruderbundes" doch nur auf Marx´ finanzieller Abhängigkeit von Engels. Der fordere *"den Tauschwert seines Bargeldes"* in Freundschaft ein.
Hyndmans Hinweise verlieren an Zuverlässigkeit, weil Engels und er sich gegenseitig unsympathisch sind. Dabei äußert Hyndman öffentlich über Engels: Wenn der keinen finde, gegen den er intrigieren könne, würde Engels gegen sich selbst intrigieren.

2. 10 Trauerfeier für Karl Marx

London, 1883

Karl Marx´ Leben endet mit einer Reihe bitterer Ereignisse. Im Dezember 1881 liegt seine Frau Jenny im Sterben. Marx selbst ist so schwer erkrankt, dass er seine Frau nicht aufsuchen kann. Dabei befinden sich beide in der gleichen Wohnung. Sogar die Teilnahme an Jennys Begräbnis ist Marx nicht möglich.

Im Jahr darauf sucht er in Reisen die dringend notwendige Erholung, doch überall herrscht schlechtes Wetter; sogar in Algier, wo er ein paar Wochen weilt.

Im Januar 1883 stirbt seine älteste Tochter Jenny Longuet an Krebs. Zwei Monate später [14.3.1883] stirbt Karl Marx an einem Blutsturz.

Am 17. März 1883 hält Friedrich Engels die Trauerrede für ihn. *"Was das streitbare europäische und amerikanische Proletariat, was die historische Wissenschaft an diesem Mann verloren haben, das ist gar nicht zu ermessen [...] Und er ist gestorben, verehrt, geliebt, betrauert von Millionen revolutionärer Mitarbeiter, die von den sibirischen Bergwerken an über ganz Europa und Amerika bis Kalifornien hin wohnen [...]"* Engels spricht vor zwölf ZuhörerInnen, die zur Beerdigung gekommen sind. [Anhänger*innen suchen heute noch Marx´ später pompöser gestaltetes Grab auf.]

125

2.11 Vordenker und Strippenzieher

Karl Marx ist nicht mehr da, aber Engels will nicht zulassen, dass dessen Ideen mit ihm zu Grabe getragen werden. "Was wir alle sind, wir sind es durch ihn und was die heutige Bewegung ist, sie ist es durch seine theoretische und praktische Tätigkeit; ohne ihn säßen wir immer noch im Unrat der Konfusion", schreibt Engels Wilhelm Liebknecht.

Der Aufstieg des Marxismus zu einer schlagkräftigen Bewegung beginnt nicht mit der Veröffentlichung des *"Kapitals"*, sondern mit Engels Propaganda-Aktivitäten in den 1880er Jahren. Friedrich Engels verbreitet Marx´ Ideen als Autor, als Herausgeber der Bände 2 und 3 des *„Kapitals"*, als graue Eminenz der zweiten sozialistischen Internationale und als „Oberhaupt" des Marx-Clans. Selbst durch sein Testament wird er Zeichen im Sinne des Marxismus setzen.

Karl Kautsky gibt als Mitarbeiter Einblick in Engels´ Arbeitspensum ab 1883: *"Der dritte Band des Kapital behandelt eine Fülle der wichtigsten und schwierigsten Probleme. Dabei mußte aber, noch mehr wie der zweite, das Material des dritten Bandes mühsam aus den fragmentarischen Manuskripten zusammengesucht werden, die es dann zu einer einheitlichen Darstellung zu verarbeiten galt. Indes, nicht bloß die Schwierigkeiten des Gegenstandes waren es, die bewirkten, daß der dritte Band erst fast ein Jahrzehnt nach dem zweiten erschien.*

Nicht minder wurde dies veranlaßt durch die Fülle von Arbeiten, die das Anschwellen der sozialistischen Bewegung gerade seit Marx´ Tod für Engels mit sich brachte. Eine Reihe von Zeitschriften marxistischer Tendenz entstand.

[Zürich: Sozialdemokrat; Stuttgart: Neue Zeit; Paris: Socialiste - Engels verfasst Artikel für diese Publikationen.]

Dazu kam, daß die Ausbreitung der sozialistischen Bewegung in den verschiedensten Ländern zahlreiche Übersetzungen Marxscher und Engelsscher Schriften veranlaßte, deren Durchsicht ebenfalls Engels zufiel [...] Die Ausbreitung der sozialistischen Bewegung in Ländern, denen sie bis dahin ferngeblieben, brachte eine Vermehrung der Korrespondenz und der Studienobjekte für Engels.

Denn er mochte keinen Rat über Verhältnisse erteilen, die er nicht gründlich beherrschte. [...] Österreich interessierte ihn damals besonders wegen des überraschend schnellen Aufschwungs seiner sozialistischen Bewegung, dagegen Amerika wegen des überraschend schnellen Aufschwungs seines Kapitalismus [...]

Die rasche Ausbreitung der sozialistischen Arbeiterbewegung [...] führte aber auch bald zu Versuchen, eine neue internationale Organisation zu begründen. Der erste Kongreß der neuen "Internationale" wurde 1889 in Paris abgehalten. [...] Nicht ohne Irrungen und Wirrungen vollzog sich das. Das bedeutete weiterte zusätzliche Arbeit für Engels, den Vertrauensmann der Sozialisten aller Nationen, den Kenner aller ihrer Verhältnisse."

Die letzte Bemerkung Kautskys gilt uneingeschränkt für Deutschland. Hier mischt sich Engels ins Geschehen ein. Er kritisiert sozialistische Zeitungen, wenn ihm ihre Aufmachung zu provinziell erscheint.

1885 lässt er Kautsky einen Brief an Bernstein, den Herausgeber der Zeitung *"Der Sozialdemokrat"* schreiben. In Deutschland droht eine Spaltung der Sozialdemokratie.

Es geht um die Marinepolitik und die Linie der Parteizeitung *Der Sozialdemokrat* dazu. Redakteur dieser Zeitung ist Eduard Bernstein. Die Haltungen der Reichstags-Fraktion und der Partei unterscheiden sich.

Liebknecht hat im *Sozialdemokrat* einen anonymen Artikel gegen die Fraktion geschrieben. Es ist der Eindruck entstanden, dass Bernstein, der das zuließ, gegen die Fraktion ist. Engels weist Bernstein an, auf jeden Fall Redakteur der Zeitung zu bleiben und möglichst zu verhindern, dass es zum Bruch der Partei kommt. Deshalb soll er offen sagen, dass der umstrittene Artikel von Liebknecht ist.

Die folgenden Sätze aus dem letzten Abschnitt des Briefes [den Kautsky schrieb] unterstreichen die wichtige Rolle Friedrich Engels´ für die sozialistische Partei in Deutschland: *"Verzeihe, wenn ich etwas mentorartig geworden bin. Es geschah der Kürze halber. Wo der Brief mentorartig klingt, denke dir immer Engels als Redner hinzu. Was nun den Verlauf betrifft, den die Sache bisher genommen, so ist Engels mit ihm im ganzen und großen sehr zufrieden [...]"*

Als die SPD 1891 ihr Erfurter Programm beschließt, werden viele Formulierungen Friedrich Engels´ eins zu eins übernommen. Die SPD liegt damit ganz auf marxistischer Linie.

In Deutschland sehen sich die Sozialisten im Aufwind. Reichskanzler Otto von Bismarck bekämpft sie mit einer Doppelstrategie. Erstens setzt er sich für Staatssozialismus ein und lässt Kranken-, Renten-

und Unfallversicherung einrichten; zweitens werden durch die Sozialistengesetze von 1878 die SPD und ihre Unterorganisationen verboten.

Aber bei Reichstagswahlen dürfen Personen sich für die SPD aufstellen lassen. Und die SPD bekommt bei den Reichstagswahlen immer mehr Stimmen:

[Jahr, Stimmen für die "SPD" in Prozent]

```
1871:  3,2%,
1874:  6,8%,
1877:  9,1%,
1881:  6,1%,
1884:  9,7%,
1887: 10,1%,
1890: 19,8%,
1893: 23,4%,
1898: 27,2%,
1903: 31,7%,
1912: 34,8%
```

an Lafargue über neue Mitglieder in der SPD: *"In der deutschen Partei hat es eine Studentenrevolte gegeben. Seit 2-3 Jahren sind eine Menge Studenten, Literaten und andere junge deklassierte Bürgerliche in die Partei eingetreten und gerade zur rechten Zeit gekommen, um den größten Teil der Redakteursstellen in den neuen*

Zeitungen einzunehmen, es wimmelt von ihnen, und sie betrachten gewohnheitsmäßig die bürgerliche Universität als eine sozialistische Schule [...], die ihnen das Recht gibt, in die Reihen der Partei mit dem Offizierspatent, wenn nicht Generalspatent, einzutreten.

Diese Herren machen alle in Marxismus, aber sie gehören zu der Sorte, die sie vor zehn Jahren in Frankreich kennengelernt haben und von denen Marx sagte: "Alles, was ich weiß, ist, daß ich kein Marxist bin!"

Jedes Jahr erholt er sich an der Kanal-küste, mietet dafür Sommerhäuser in Eastbourne, New Brighton, Worthing, auch auf der Ilse of Wight und unternimmt Reisen. Die weiteste führt ihn, als Privatmann, nach Nordamerika. Krebs wird seine Hoffnung zunichte machen, noch den Beginn des nächsten Jahrhunderts, das Jahr 1901, zu erleben.

Herausgeber: *"Das Kapital"*, Band 2 [1885]

und Band 3 [1894]

Vom Sommer 1883 bis zum Frühjahr 1885 redigiert Engels den zweiten Band des *"Kapitals"* [Der Zirkulationsprozeß des Kapitals]. Noch nach Marx´ Tod muss er ungeplant und ungewollt Geld, Zeit und Energie in die Veröffentlichung des *"Kapitals"* stecken. Hätte *"ich das gewusst, ich hätte ihm bei Tag und Nacht keine Ruh gelassen, bis es ganz fertig und gedruckt war"*, stöhnt Engels.

Fassungslos hat er 1883 Marx´ Nachlass gesichtet. Nachdem 1867 der erste Band des *"Kapitals"* gedruckt war, arbeitete Marx 15 Jahre lang an den beiden nächsten Bänden. Doch auf Marx´ Schreibtisch findet Engels außer zwei Kapiteln für die nächsten Bände nur eine Unmenge Notizen vor. Wie verhält sich Engels als treuer Nachlassverwalter des von ihm verehrten Genies? Er liest sich in die Notizen ein, was bei Marx´ Schrift wirklich nicht einfach ist.

Engels bekommt Probleme mit seinen eigenen Augen und darf nur noch bei Tageslicht lesen. 1885 kann er den zweiten Band herausgeben. Für die weitere Arbeit benötigt Engels Helfer und wählt dazu Eduard Bernstein und Karl Kautsky aus. Beide lesen sich in Marx´ Schrift und Texte ein. Bei Band 3 [Der Gesamtprozeß der kapitalistischen Produktion] muss Engels ein gewaltiges Durcheinander von Notizen ordnen und greift als Herausgeber in die Marxsche Planung ein. Abschnitte werden unterteilt oder zusammengeführt, Fußnoten in den Text übernommen. Die Leser sollen nicht den Überblick verlieren, denn Marx neigte zu Ausschweifungen.

1894 wird endlich Band 3 veröffentlicht. Auch dabei nur Karl Marx als Autor genannt, Engels als Herausgeber. Eine Wortwahl wird Engels bis heute angekreidet: Marx hatte im *"Gesetz vom tendenziellen Fall der Profitrate"* geschrieben, das Kapital würde möglicherweise *"erschüttert"* und zählte dafür Faktoren und Gegenfaktoren auf.

Engels, der weiß, dass die Parteimitglieder eine deutliche Aussage erwarten, schreibt das Kapital werde *"zusammenbrechen"*. Nach diesem vorhergesagten Zusammenbruch des Kapitalismus haben viele stramme Marxisten im 20. Jahrhundert Ausschau gehalten.
Als der 3. Band des *"Kapitals"* veröffentlicht ist, beseelt Engels das Gefühl, Marx´ Andenken für immer gesichert zu haben. Er schreibt an Bebel: *"Die Arbeit hat mir viel Freude gemacht, einerseits weil so viele neue brillante Gesichtspunkte dabei sind, [...] dann aber auch weil sie mir den Beweis geliefert, dass der alte Hirnschädel doch noch arbeitsfähig ist, selbst für relativ schwierige Sachen.*

Der Hauptschaden, den mir die Jahre getan haben, ist, daß die verschiedenen Gedächtnisfächer nicht mehr so leicht aufzufinden und zu öffnen sind und daher alles langsamer geht."

Die nachträgliche Bearbeitung der beiden Bände ist für Engels erfüllte Arbeit. Immer, wenn er sich mit dem *"Kapital"* befasst, fühlt er sich wieder mit Marx verbunden, erzählt Engels seinen Mitstreitern.

Zählt man die Jahre zusammen, so "opferte" Friedrich Engels für die Erstellung des *"Kapitals"* 30 Lebensjahre. 19 Jahre [1850 - 1869] "schachert" er in Manchester und nimmt den Makel auf sich, in den Augen vieler Arbeiter [und anderer] als Sozialist unglaubwürdig zu sein. Elf weitere Jahre [1883 - 1894] benötigt er, um Marx´ Gedanken zu den Bänden 2 und 3 des *"Kapitals"* in eine druckreife Form zu bringen.

Ein Text gegen die Unterdrückung der Frau
1884

Die *"erste Klassenunterdrückung"* ist die *"des weiblichen Geschlechts durch das männliche"* in *"der Einzelehe"* schreibt Engels 1884 im Buch mit dem sperrigen Titel *"Der Ursprung der Familie, des Privateigentums und des Staats"*.
Er, der nie bereit war, eine offizielle Bindung mit einer Frau einzugehen und sich sexuelle Dienstleistungen kaufte, kritisiert die Vorrangstellung der Männer in der bürgerlichen Ehe. Zwei Anstöße haben Engels dazu angeregt.

Unter den Papieren von Karl Marx findet er ausführliche Notizen zu einem Werk des US-amerikanischen Ethnologen Lewis Henry Morgan: *"Die Urgesellschaft oder Untersuchung über den Fortschritt der Menschheit aus der Wildheit durch die Barberei zur Zivilisation"* [1878]. Morgan hat sich mit Stämmen der Irokesen befasst und den Veränderungen ihres sozialen Gefüges durch die Begegnung mit den europäischen Siedlern.

Der zweite Anstoß ist die Veröffentlichung eines Aufsatzes Karl Kautskys über prähistorische Sexualbeziehungen [1883]. Durch beide Texte fühlt sich Engels angeregt, zum Themenbereich Sexualität und Sozialismus Stellung zu nehmen.

Der damals progressive Text wirkt in unseren modernen Zeiten serieller Monogamie antiquiert. Engels verfasste ihn in der Vorstellung, dass Frauen nichts anderes als eine Ehe erträumen, die auf wirklicher Gleichberechtigung beruht. Er stellt die Institution Ehe in einen historischen Kontext.

Engels konstatiert: Nicht nur der Kapitalismus ist ein Zwischenstadium, sondern auch die bürgerliche Ehe. Und mit ihr ist die Unterwerfung der Frau unter den Mann nur ein vorübergehender Zustand.

Er beschreibt historisch und ethnologisch, dass Frauen in Urgesellschaften und in vielen primitiven Völkern eine bessere Stellung haben als die Frauen in den europäischen bürgerlichen Ehen. In diesen gebe es nur einen Unterschied zwischen Ehefrau und Prostituierter. Der bestehe darin, dass die Ehefrau *"ihren Leib nicht als Lohnarbeiterin zur Stückarbeit vermietet, sondern ihn ein für allemal in die Sklaverei verkauft."*

135

Primitive Stämme gewähren beiden, Frau und Mann sexuelle Freizügigkeiten. In Europa ist die Frau Privateigentum des Mannes und nur er hat das Recht zur ehelichen Untreue.

Friedrich Engels will die Lage der Frauen grundsätzlich ändern: Ehen sollen in Zukunft keine Wirtschaftseinheit sein. Wirklich frei werden die Frauen, wenn ihre Familien erstens das Eigentum und zweitens ihre Kinder der sozialen Gemeinschaft übergeben. Fällt für die Frauen die Sorge um die persönliche Existenz weg, können sie aus Liebe heiraten und die Ehen gründen sich *"auf gegenseitiger Zuneigung und Hochachtung."*

Durch eine weitere Feststellung gab das Buch dem Feminismus eine sozialistische Basis: *"Nach der materialistischen Auffassung ist das in letzter Instanz bestimmende Moment in der Geschichte: [erstens] die Produktion und [zweitens] die Reproduktion des unmittelbaren Lebens."* Mit diesem Satz stellte Engels das Gebären von Kindern auf die gleich hohe Stufe wie das Produzieren von Ware.

Während Engels theoretische Forderungen stellt, demonstrieren zur gleichen Zeit progressive Frauen [die so genannten Blaustrümpfe] für Gleichberechtigung und Frauenwahlrecht. Engels kann sich nicht für sie begeistern: Bei den Blaustrümpfen handle

Er geht auf Distanz und berichtet über einen kleinen Disput, den er mit einer Frauenrechtlerin hat: Frau *"Wischnewetzky ist sehr beleidigt, daß ich[...], ihr nicht einen Besuch in Long Branch abgestattet. Sie scheint wegen Etikettenbruchs und Mangels an Galanterie gegen ladies verletzt. Ich erlaube aber nicht den Women´s-right-Madämchen, von uns Galanterie zu verlangen: wollen sie Männerrechte, sollen sie sich auch als Männer behandeln lassen."*

Der soziale Revolutionär Engels scheint weniger intellektuelle Partnerinnen zu bevorzugen. In einem Brief an Minna Kautsky schreibt er: *"[...] es hat mir unendlich wohl getan, einmal eine deutsche Schriftstellerin kennenzulernen, die nicht aufgehört hat, eine einfache Frau zu sein*

– ich hatte ja das Unglück, in dieser Beziehung nur affektierte "jebildete" Berlinerinnen gekannt zu haben, von der Sorte, der ich nur deshalb nicht den Kochlöffel wieder in die Hand geben möchte, weil sie am Ende damit noch mehr Unheil anrichten würden wie mit der Feder."

Der Ausgang der klassischen deutschen Philosophie 1886

1886 veröffentlicht Engels den Text *"Ludwig Feuerbach und der Ausgang der klassischen deutschen Philosophie"*. Zu Ludwig Feuerbach selbst schreibt Engels, dass der aktuell gezwungen sei, in einem abgelegenen Dorf zu leben und keinerlei Informationen über den aktuellen Diskussionsstand der Philosophie besitze.

Engels erklärt, dass die deutschen Philosophen sich in ihren Erkenntnissen nach den aktuellen Entdeckungen der Naturwissenschaften und den Entwicklungen der Industrie richten müssten. Ein rein naturwissenschaftlicher Materialismus könne aber bestenfalls Grundlage neuerer Philosophie werden, nicht aber das Gebäude selbst.

Wie soll sich der russische Weg gestalten?

Dazu werden viele Ansichten vertreten. Denn die Bedingungen [z.B. der Stand der Industrialisierung] ändern sich laufend.

Russland wurde das erste von Kommunisten geführte Land der Welt. [Die Gründung der UdSSR erfolgte 1922.] Dabei lag seine Industrialisierung im 19. Jahrhundert weit hinter der Englands, Frankreichs und Deutschlands zurück.

Interessanterweise wird Marx´ *"Kapital"*, nachdem es 1867 zuerst in deutscher Sprache vorliegt [Auflage: 1.000 Exemplare], als nächstes 1872 ins Russische übersetzt und gedruckt [Französisch: 1875, Englisch: 1886]. Im Zarenreich werden Marx´ Ideen intensiv diskutiert.

Häufig kommen Russen zu Engels und Marx nach London. Darum befassen sich Engels und noch gründlicher Marx mit der Frage, wie sich der Sozialismus im Agrarland Russland entwickeln kann. Die Diskussion erfolgt rein theoretisch, denn die RSDAP [Russische Sozialdemokratische Arbeiterpartei] wird erst 1898 gegründet.

Entgegengesetzte Ansichten zur Entwicklung des russischen Sozialismus vertreten erstens Plechanow und seine Gruppe *"Befreiung der Arbeit"* und zweitens die Volkstümler [Narodniki].

Plechanow folgt der marxistischen Theorie einer historisch-materialistischen Abfolge: - Industrialisierung, - Verelendung der Arbeiterklasse, - Entstehung von Klassenbewusstsein, - endlich die proletarische Revolution.

Dabei werden die Proletarier von den russischen Bauern, die die Mehrzahl der Bevölkerung bilden, unterstützt.

Diese lange Entwicklung wollen die Volkstümler nicht abwarten. Die Narodniki meinen, sozialistisches Gedankengut habe sich schon längst in den seit Jahrhunderten existierenden russischen Dorfgemeinschaften entwickelt. Aufgrund der von Generation zu Generation weitergegeben Vorprägung seien die russischen Bauern geborene Kommunisten. Sie könnten der Entwicklung in Westeuropa möglicherweise sogar vorangehen.
Engels folgt ihrer Idee nur zum Teil. Er meint: In Russland könne sich der Kommunismus zwar ohne das Zwischenstadium des bürgerlichen Privateigentums entwickeln. Jedoch nur, wenn vorher eine proletarische Revolution in Westeuropa stattgefunden hat.

1882 erklären Marx und Engels in einem gemeinsamen Text, dass beide Revolutionen sich ergänzen müssen. Als in den Jahren nach Marx´ Tod die Industrie in Russland erheblich an Bedeutung gewinnt, erklärt Engels schließlich, Russland sei z.B. England so ähnlich, dass es die gleiche historische Entwicklung durchmachen müsse.
Es sei *"eine historische Unmöglichkeit, dass eine niedrigere ökonomische Entwicklungsstufe die Rätsel und Konflikte lösen soll, die erst auf einer weit höheren Stufe entsprungen sind und entspringen konnten."*

2.12 Die Zweite Internationale

Paris, 1889

Im Juli 1889 ist die Linke in Europa gespalten. Das zeigt sich ganz offen, als zur Hundert-Jahr-Feier der Französischen Revolution in Paris zwei konkurrierende Kongresse der Arbeiterbewegung organisiert werden.

Erstens laden die französischen Possibilisten, die sich eine Zusammenarbeit mit dem bürgerlichen Staat vorstellen können und englische Gewerkschafter zum *Internationalen Arbeiterkongress ein.*

Zweitens organisiert die französische *Parti Ouvrier*, zu der auch Marx´ Schwiegersohn Lafargue gehört, den marxistisch ausgerichteten *Internationalen Sozialistischen Arbeiterkongress.*

An diesem beteiligen sich nach mühsamen Vorverhandlungen auch die deutschen und österreichischen marxistischen Parteien. Zwischen ihnen und den Franzosen gibt es sachliche und persönliche Differenzen. Engels hat mit aller Energie zwischen den Gruppen vermittelt. Als sich die 400 Delegierten aus 20 Ländern endlich in Paris zusammensetzen, endet der Kongress mit wichtigen Beschlüssen.

Einer ist die Gründung der *Zweiten Sozialistischen Internationale.* Diese Gründung sieht Engels mit Zuversicht. Theorie und Aktivismus seien ausgeglichen, und es gebe Ziele wie klares politisches Engagement,

Gewerkschaftsrechte, Gleichberechtigung und den 1. Mai als Tag der Arbeit. Die Zweite Internationale hat im Gegensatz zur ersten Internationale keinen Generalrat. Bis 1900 wird sie ihre Entscheidungen bei den im Zweijahresrhythmus stattfindenden Kongressen treffen.

Engels gelingt es später, über die SPD die Zweite Internationale auf marxistischen Kurs zu bringen.

2.13 Autor: Christen und Sozialisten

Engels vergleicht in den 1890er Jahren in seinem Aufsatz *"Zur Geschichte des Urchristentums"* die Christen der Frühphase des Christentums mit den Sozialisten. *"Die Geschichte des Urchristentums bietet [...] Berührungspunkte mit der modernen Arbeiterbewegung. Wie diese war das Christentum im Ursprung eine Bewegung Unterdrückter: es trat zuerst auf als Religion der Sklaven und Freigelassenen, der Armen und Rechtlosen [...]."*
Das Christentum verspricht Erlösung im Jenseits, der Sozialismus gesellschaftliche Umgestaltung auf der Erde. Beide verfügen über einen unerschütterlichen Kampfgeist und Märtyrer. *"Und trotz aller Verfolgungen, ja sogar direkt gefördert durch sie, dringen beide siegreich, unaufhaltsam vor."*

2.14 Stürme und Ernten

London, Zürich... 1890 -1895

Karl Marx´ letzte Lebensjahre waren von viel Kummer überschattet. Friedrich Engels dagegen erlebt nicht nur schwere Stürme, sondern auch Zeiten reicher Ernte.

In den zwölf Jahren nach Marx´ Tod gewinnt ihre Lehre erheblich an Bedeutung. Engels ist inzwischen die unangefochtene Nummer eins der kommunistischen Bewegung. 1893 zeigt er während des Kongresses der 2. Internationale in Zürich auf das im Saal aufgehängte Bild von Marx und sagt:

"Er wäre stolz auf uns, wir sind hier, um sein Werk fortzusetzen." Immer wieder weist Friedrich Engels bei aller Zufriedenheit mit seinen eigenen Leistungen auf Karl Marx´Einzigartigkeit hin*: "Wir alle haben Talente, aber er ist ein Genie."* Engels bewirkt als Sachwalter seines Freundes letztlich dessen spätere [und heutige] Bedeutung.

In England erlebt Engels, dass die Arbeiterbewegung nach langer Zeit wieder Streiks organisiert. 40 Jahre lang rührten sich die britischen Sozialisten nach dem Ende der Chartisten-Bewegung nicht. Die Arbeiter hofften auf ihren Anteil an den politischen und wirtschaftlichen Erfolgen ihres Landes. 1888 streiken erfolgreich die Arbeiterinnen einer Londoner Zündholzfabrik. Ab

Frühjahr 1889 sammelt der Sozialist Will Thorne 20.000 Mitglieder in der *National Union of Gasworkers and General Labourers*. Die setzt eine Arbeitszeitverkürzung von zwölf auf acht Stunden durch. Nach diesem Erfolg stellen sogar die Londoner Dockarbeiter Forderungen. Sie stehen als Arbeiter an der untersten Stufe und müssen jeden Tag einen neuen Arbeitsplatz suchen. Sie verlangen, ihr Stundenlohn solle von vier auf sechs Pence erhöht werden und die Beschäftigung mindestens einen halben Tag dauern.

Die Dockbesitzer sagen Nein. Sie verlassen sich darauf, dass sich tausende von Arbeitslosen um die Arbeit in den Docks reißen werden.

Doch die Dockarbeiter organisieren einenonat lang einen disziplinierten Streik. Es gibt friedliche Protestzüge, ein fair geführter Hilfsfonds unterstützt die Streikenden. Die Gewerkschaften setzen die meisten ihrer Forderungen durch.

Engels stellt erfreut fest, dass selbst das Lumpenproletariat endlich bereit sei, sich zu erheben. Besonders stolz ist er darauf, dass Eleanor Marx sich aktiv an der Organisation beteiligt hat. Engels lädt die Aktivisten, Gewerkschafter und Sozialisten aus dem East End in sein Haus ein.

Aber ausgerechnet in dem Land, in dem er seit 40 Jahren lebt, wird es ihm nicht William Morris, Edward Aveling, Keir Hardie, William Torne und John Burns.Hyndman initiiert im Februar 1886 einen Marsch von 8000 Arbeitslosen, der in Gewalt endet. Engels ärgert sich darüber, denn durch derartige

Ereignisse setzt das Bürgertum Sozialismus mit Plünderung gleich.

Engels setzt auf Edward Aveling, der seit 1884 mit Eleanor Marx zusammenlebt. Aveling ist intelligent und tatkräftig. Er verfasst ein Buch *"The Student´s Marx"*, das Engels sehr begeistert. Zusammen mit Eleanor Marx geht Aveling in verrufene Londoner Viertel und gründet dort eine proletarische Arbeiterbewegung.

Engels sieht auf diese Pluspunkte und will nicht wahrhaben, dass Aveling einen lockeren Umgang mit Frauen und Geld pflegt. *"Ich erinnere mich noch an die Zeit, wo ich ein ähnlicher Esel war"*, kommentiert er Avelings Verhalten. Aveling versucht zwar, in der sozialistischen Bewegung eine führende Rollen einzunehmen. Doch den englischen Sozialisten ist er aufgrund seiner Charakterschwäche unsympathisch. [Die Beziehung zwischen Eleanor und Edward wird sich zu einer Tragödie entwickeln. 1898 begeht die depressive Eleanor Marx Selbstmord.]

Die Misserfolge Engels´ in England, die letztlich seiner Treue zur Familie Marx geschuldet sind, werden ausgeglichen durch Erfolge in Deutschland und in der Zweiten Internationale. Denn Sozialisten aus ganz Europa bitten Engels um Rat.

Er informiert sich so gründlich wie möglich und bezieht dazu sieben Tageszeitungen aus Deutschland, England, Italien und Österreich und 19 Wochenzeitungen, u.a. aus den USA, Frankreich, Österreich, Deutschland, Frankreich, Polen, Bulgarien, Spanien...

Ihn erreichen viele Briefe und eine ganze Reihe von Besuchern möchte ihn sprechen. Sein Haus ist eine Zentrale der sozialistischen Bewegung. Edward Aveling nennt folgende regelmäßige Besucher in Engels Haus: Wilhelm Liebknecht, August Bebel, Paul Singer, Richard Fischer, Friedrich Leßner, Julius Motteler, Eduard Bernstein - (Deutsche) - ; Charles Bernard, Delescluze, Roussell - (Franzosen) - ; Emilie Vandervelde, Anseele - (Belgier) - ; Karl Kautsky und Frau, Dr. Freyberger, Victor Adler - (Österreicher) - ; Stanislaus und Maria Mendelson - (Polen) - ; Sergej Kravcinskij, Vera Zasulic, Georgij Plechanov - (Rus-sen) - ; William Thorne, William Sanders, George Julian Hardie - (Engländer) - . 1888 verlegt die Redaktion des *"Sozialdemokraten"* ihren Sitz von Zürich nach London. Die Redakteure kommen jeden Sonntag in Engels´ offenes Haus.

Vor und während des Parteitags der SPD 1891 in Erfurt setzt Engels sich dafür ein, dass die SPD zwar auch pragmatische Ziele verfolgt wie das allgemeine Wahlrecht und progressive Einkommenssteuer, sich aber in ihrem Programm auf Marx´ Lehren verpflichtet. Mit diesem Votum im Rücken setzt Engels die marxistische Philosophie als Grundlage der Zweiten Internationale durch.

1893 findet der Internationale Sozialistische Arbeiterkongress in Zürich statt. Als Alterspräsident hält Engels die Schlussrede. Der spätere Vorsitzende der Zweiten Internationale, der Belgier Émile Vandervelde schildert ergriffen:

"Man wollte schließen; in fieberhafter Eile spielten sich die letzten Abstimmungen ab. Da schwebte ein Name auf aller Lippen. Friedrich Engels war in den Saal getreten; unter einem Sturm von Zurufen kam er auf die Tribüne." Engels verweist in seiner Rede sofort auf Marx: "Der unerwartet glänzende Empfang, den Sie mir bereitet haben [...], ich nehme ihn an nicht für meine Person, sondern als Mitarbeiter des großen Mannes, dessen Bild dort oben hängt. [...]

Marx ist gestorben, aber wenn er jetzt noch lebte, so wäre nicht ein Mann in Europa und Amerika, der mit solchem Stolz zurückblicken könnte auf seine Lebensarbeit."

Nach dem Kongress füllt Engels in Wien (6000 Zuhörer) und Berlin (3000 Zuhörer) große Versammlungshallen.

Der über 70-jährige Friedrich Engels nimmt die politischen, sozialen und wirtschaftlichen Veränderungen in Europa und der Welt wahr wie Staatskartelle, Monopolkapitalismus und Imperialismus, zu seiner Freude auch den steigenden Einfluss sozialistischer Parteien in den Parlamenten.

Wie können die sozialistischen Parteien unter diesen Bedingungen ihre Ziele erreichen? Müssen sie noch bewaffnete Revolutionen vorbereiten, wenn das allgemeine Wahlrecht gilt? In Deutschland könnte die SPD durch die Reichstagswahlen an die Macht kommen. Das 1848 für notwendig gehaltene Zwischenstadium einer bürgerlichen Herrschaft fiele damit weg.

Engels selbst meint, in dieser Epoche müssen die Regenten das Gefühl haben, wie die Gefangenen der venezianischen Inquisition in jenem Zimmer zu stecken, dessen Wände jeden Tag um einen Zoll näher zusammenrückten.

Wahlen beflügeln in Engels Augen die Sache des Sozialismus. Erstens bieten sie Gelegenheit zur Werbung, zweitens eröffnen sie die Möglichkeit zur Übernahme der Macht.

Engels ist gegen die Idee der Führung des Proletariats durch eine Avantgarde. Die *"Zeit der Überrumpelungen, der von kleinen bewussten Minoritäten an der Spitze bewusstloser Massen durchgeführten Revolutionen"* sei vorbei.

Er ist beileibe kein Pazifist. *"Politische Entscheidungen fallen nicht durch Worte oder Parlamentsbeschlüsse. Das war der Fehler von 1862. Entscheidungen fallen durch Blut und Eisen",* hatte 1862 der konservative Politiker Otto von Bismarck in der preußischen Nationalkammer erklärt. Der Krieg gilt als Vater aller Dinge. Friedrich Engels sieht es als das gute Recht der Sozialisten an, Gewalt anzuwenden. Legalität ist eine Frage der Taktik, nicht der Ethik.

Weil es dafür keine Garantie gibt, dass die SPD den Sozialismus durch Wahlen erreichen kann, denkt Engels über das Thema Armee nach. Die Massenwehrpflicht könnte für die Sozialisten bedeutsamer sein als das Wahlrecht. Die unaufhaltsame Mathematik des sozialistischen Fortschritts wird das Heer verändern, *"[...] da [...] diese Armee mehr und mehr die Gefühle und Ansichten des Volkes widerspiegelt, [hat das zur Folge,] dass diese Armee, das Hauptwerkzeug der Unterdrückung, von Tag zu Tag unzuverlässiger wird."*

Die Gegensätze von Nationalismus und international denkendem Sozialismus beschäftigen Engels ebenfalls. Warum haben nach der Annektion Elsass-Lothringens durch Deutschland viele französische Arbeiter ihre "Nation" über ihre proletarischen Interessen gestellt?

Mit Kriegsstrategien vertraut, spielt er bereits 1887 die Möglichkeit eines gewaltigen Krieges in Europa durch: *"Acht bis zehn Millionen Soldaten werden sich untereinander abwürgen und dabei ganz Europa so kahlfressen, wie noch nie ein Heuschreckenschwarm. Die Verwüstungen des Dreißigjährigen Krieges zusammengedrängt in drei bis*

*vier Jahre und über den ganzen Kontinent verbrei-
tet [...]"* 1914 wurden diese Gedanken zur Realität.

Victor Adler würdigt 1897 den verstorbenen Friedrich
Engels. Zuerst erinnert er daran, dass Engels sich
intensiv mit Mathematik und Naturwissenschaften
befasste, Russisch lernte und sich noch wenige Monate vor seinem Tod in Werke über die Funktionen
der Gehirnrinde einlas.
Schließlich schreibt Adler über Engels` Bedeutung
als Denker für den Sozialismus: *"Nur wer so lernen
konnte, vermochte ein Lehrer wie Engels zu sein. [...]
der* [= Engels] *scheiben durfte: 'Wir deutschen
Sozialisten sind stolz darauf, daß wir abstammen
nicht nur von Saint-Simon, Fourier und Owen,
sondern auch von Kant, Fichte und Hegel', ihm
verdanken wir es als Partei wie als einzelne, daß die
Sozialdemokratie sich die Partei der Wissenschaft
nennen darf."* Adler betont stolz: *"Der Sozialismus
im Sinne von Marx und Engels ist nicht eine
ökonomische Doktrin, er ist eine Weltanschauung."*

2.15 Engels letzte Jahre

Für seine Umgebung ist Engels ist ein Wunder an
Aktivität. Eleanor Marx bemerkt übertreibend: "Und
soweit ich mich erinnern kann, ist er in den letzten
zwanzig schweren Jahren nicht älter geworden."
Engels selbst bleibt nicht verborgen, dass er älter
wird. Er hört auf zu rauchen, trinkt weniger Pilsner
und darf auch nicht mehr reiten. Das nimmt er hin,
nur der bemerkbare Haarausfall und die daraus re-
sultierende "Glatzenkrone" sind ein Ärgernis für ihn.

Eine immer entscheidendere Stellung nimmt Louise
Kautsky-Freyberger in seinem Haushalt ein. Engels
entwickelt für sie väterliche Zuneigung, so wie er sie
gegenüber den Marx-Töchtern und Mary Ellen Burns
empfindet. Zwischen Louise Kautsky und Mary Ellen
Burns kommt es zu erheblichen Spannungen. Für
Engels ist Louise Kautsky wichtiger und er macht
Mary Ellen Burns-Rosher klar, dass sie Louise
Kautskys Vorrang akzeptieren muss.

Manchmal verbreiten Zeitungen Falschmeldungen,
nach denen Engels erkrankt oder sogar gestorben
sei. 1893 schreibt er in einem Brief an Kautsky:
*"Woher der Schwindelbericht von meiner Erkran-
kung kam, ist mir total unbegreiflich, es lag auch
nicht der geringste Vorwand dazu vor. [...] Nun, wir
haben auf den hochgradigen Kräfteverfall und das*

stündlich erwartete Ableben diverse Flaschen ge-
leert."

Die geschiedene Louise Kautsky heiratet 1894 und
ihr Mann, der Arzt Ludwig Freyberger, überredet
Engels, in ein größeres Haus umzuziehen. Das liegt
nur 500 m weiter. Da Louise ein Baby erwartet, sei
im alten Haus kein Platz für alle. Engels fühlt sich im
neuen Haus wohl, für das er pro Jahr etwa 2.500
engl. Pfund Miete zahlt.
Unten liegen die gemeinsamen Wohnräume, im ersten Stock hat Engels seine Räume. Darüber sind die
Zimmer der Freybergers, und im 3. Stock wohnen
zwei Hausmädchen und befinden sich Gästezimmer.
Eine Reihe alter Freunde ärgert sich über die Bevor-
mundung Engels´ durch die Freybergers. 1892
schildert Engels ironisch seine Sicht der Dinge: Er
hätte "nicht übel Lust, gleich morgen noch einmal
einen Geburtstag zu feiern – aber ich stehe unter
viel zu guter Kontrolle, als daß mir solch ein Exzeß
gestattet würde! Die preußische Polizei ist Dir rein
gar nichts gegen eine solche medizinische Hexe. [...]
so trinke ich Mineralwasser und Limonade und tue
Buße für begangene Sünden, von denen ich nicht
weiß, ob ich sie eigentlich begangen habe." Die
Freybergers machen sich mehrfach unbeliebt, weil
sie versuchen zu bestimmen, wer Engels sonntags
besuchen darf und wer nicht.

Besucher erleben Engels als munteren Zeitgenossen.
Helmut von Gerlach schildert eine Feier bei Engels

im Jahr 1894: *"Er, der tiefgründige Gelehrte, der am liebsten in seiner Bibliothek empfing, war in der Unterhaltung ganz der fröhliche Rheinländer. Das trat besonders zutage bei einem Bierabend, zu dem er mich eingeladen hatte.*

Es geschah nach irgendeinem Sieg der Sozialdemokratie bei einer deutschen Nachwahl. Jedesmal pflegte er bei einem so erfreulichen Anlaß seine engsten internationalen Freunde in London zu einer Tonne Bier zu entbieten. Die Sache wird mir nachgerade etwas teuer. Die Sozialdemokratie siegt jetzt zu oft bei den Nachwahlen`, sagte er lächelnd, als ich eintrat. [...] Es wurde ein vergnügter Abend und ich, der Nichtsozialdemokrat, hatte keinen Augenblick den Eindruck, als Eindringling dazusitzen. Der Sozialdemokratische Gastgeber war eben ein so natürlicher Mensch und ein so prachtvoller Kerl, daß jeder sich in seiner Gesellschaft wohl fühlen musste."

Petr Dmitrievic Boborykin besucht Engels noch in seinem Todesjahr und erinnert sich später: *"[...] ein alter Mann von hohem Wuchs, guter Haltung und noch nicht stark ergraut, mit ausgeprägtem Kopf unregelmäßigen, aber rasch sympathisch wirken-*

153

den Gesichtszügen und einem freundlich-spitz-bübischen Lächeln in den farblosen Augen. In Deutschland begegnet man diesem Typus unter pensionierten Professoren. [...] Und als ich ihn an-sah, diesen rüstigen, temperamentvollen alten Mann, ahnte ich nicht, daß er schon im Herbst des-selben Jahres unter dem Rasen liegen würde."

Wahrscheinlich erlitt Engels im Sommer 1894 einen leichten Schlaganfall mit minimalen Folgen. Nach seinem Geburtstag [im November] schreibt er Laura Lafargue: *"Das ist meine Lage: 74 Jahre, die ich zu spüren beginne und Arbeit genug für zwei 40-jäh-rige. Ja, wenn ich mich in den F.E. von 40 und den F.E. von 34 teilen könnte, was zusammen genau 74 ergeben würde, dann kämen wir bald klar."*

Im Frühjahr 1895 befällt ihn ein aggressiver Spei-seröhren- und Kehlkopfkrebs. Wie damals üblich, er-fährt Engels nichts über die Schwere seiner Krank-heit. Anfangs fällt ihm eine Schwellung an der rech-ten Halsseite auf. Er informiert Laura Marx, dass ein Lympfdrüsenpaket auf den Nerv drücke und Schmer-zen verursache.
Um rascher zu gesunden, wechselt Engels schon im Juni 1895 nach Eastbourne in die Sommerfrische und nimmt wie üblich Bücher und Manuskripte zur Bear-beitung mit. Freunden schildert er brieflich jedes Zei-chen der Besserung.

In der zweiten Julihälfte kehrt Engels nach London zurück. Er hofft, dass die Schwellungen an seinem Hals geöffnet werden können. Als eine der letzten Helferinnen sieht ihn Fanni Markovna Kravcinskaja. Sie kritisiert in ihrer Erinnerung Louise Kautsky-Freyberger: *"Es fehlte der Kautsky an Zartgefühl und Takt. Sie dachte viel zuviel an sich und viel zuwenig an Engels. [...] Zum letzten Mal sah ich Engels unter sehr deprimierenden Umständen. [...]*

Ich verbrachte den ganzen Abend bei ihm. Er freute sich sehr, daß ich gekommen war, und begann von Dingen, an denen er hing, zu erzählen; [...] Überhaupt, sein ganzes Wesen war durchdrungen von tiefster Liebe zu Marx. Ununterbrochen erzählte er: von verschiedenen Episoden aus ihrer gemeinsamen Arbeit, [...]er rekapitulierte ihre Gespräche.

Ich lauschte Engels andächtig, aber gleichzeitig zerriß es mir das Herz vor Jammer. Ich sah, daß Engels sehr krank war und nicht die nötige Pflege hatte. [...] Schon wenige Wochen später starb Engels."

Noch an Engels´ Todestag schreibt Bebel an Liebknecht, Engels wisse nicht, dass er Krebs habe und sei in heiterer Stimmung. Seit Anfang August könne Engels nur noch flüssige Nahrung zu sich nehmen und nicht mehr sprechen. Er kommuniziere über eine

Schiefertafel. [Eleanor Marx soll an einem seiner letzten Tage durch eine Mitteilung auf dieser Tafel erfahren haben, dass Frederick Demuth-Lewis ihr Halbbruder ist.]

Friedrich Engels stirbt am 5. August 1895 abends, als er einen kurzen Moment allein im Zimmer ist. An der Trauerfeier für ihn nehmen über 70 Menschen teil.
Die Urne mit seiner Asche wird einige Seemeilen von Eastbourne entfernt von Eduard Bernstein, Eleanor Marx, Edward Aveling und Friedrich Leßner im Meer versenkt.

Engels wollte kein Grab für sich und damit keine Kultstätte. Über seinen Tod hinaus blieb Friedrich Engels der Bescheidene. Eleanor Marx lobt ihn für seine *"absolute Selbstlosigkeit. Zu Lebzeiten von Marx sagte er selber: 'Ich habe zweite Violine gespielt und glaube es zu einer Virtuosität darin gebracht zu haben, und ich war verdammt froh, daß ich dabei eine so gute erste Violine hatte wie Marx.' [...]"*

3 Nach dem Tod

3.1 Das Testament

London, 1895

Engels wusste, dass einige Mitglieder des Marx-Clans ihn gründlich ausnutzten. 1889 schreibt er an Friedrich Adolph Sorge: *"Daß Dein Sohn eine Stelle annehmen will, ist sehr vernünftig, ich wollte, mein Neffe Rosher wär´ auch dahin zu bringen. Diese jungen Herren glauben alle, die Welt wäre mit Geld besäet, wir Alten seien nur zu dumm, es aufzuheben. Bis sie dann den Sachverhalt verstehn lernen, kostet es eine Masse Geld."*

Mit seinem Testament gibt Friedrich Engels eine letzte Auskunft über sich selbst.

Engels´ schriftlichen Nachlass

erben August Bebel und Eduard Bernstein,

Karl Marx´ schriftlichen Nachlass

erbt dessen Tochter Eleanor.

Von seinem Vermögen von 2.037.000 engl. Pfund
(nach Abzug der Erbschaftssteuern) erhalten

[als Mitglieder der Familie Marx]

Eleanor Marx   etwa ein Sechstel

[Sie war nie mit Edward Aveling verheiratet,
sprach aber von ihm als ihrem Ehemann. Für viele
war sie Eleanor Marx-Aveling.]

Laura Lafargue   etwa ein Sechstel

Jenny Louguets Kinder   etwa ein Sechstel

die drei Töchter, bzw. ihre Nachkommen,
erhalten die künftigen *Tantiemen für "Das Kapital"*

[als weitere Erben]

Mary Anne Burns   etwa ein Achtel

Louise Freyberger   etwa ein Viertel
                         und das Inventar des Hauses

Alle bisher für diesen Kreis von ihm gegebenen
Darlehen sind als Geschenke zu betrachten.

Die SPD [August Bebel, Paul Singer: für ihren Wahlkampffonds]

                         etwa 100.000 engl. Pfd.

Dr. Ludwig Freyberger   über 20.000 engl. Pfd.
                         [für seine ärztlichen Leistungen]

Allein ein Objekt bleibt im Besitz der Familie Engels.

158

Der Verstorbene vererbt seinem Bruder Hermann, der in Graubünden lebt,
ein Portrait des 1860 gestorbenen Vaters.
Die beiden Brüder schrieben sich in seinen letzten Jahren immer herzlichere Briefe und tauschten ihre Gedanken über Sexualität, Krankheiten und Steuersätze aus.

3.2 Schuld und Unschuld

20. Jahrhundert bis …

Nehmen wir an, Engels´Wunsch wäre in Erfüllung gegangen, und er hätte den Jahrhundertwechsel erlebt.

Wie hätte er auf Bernsteins theoretischen Revisionismus reagiert?
Auf Lenins Thesen von der Partei als Avantgarde des Proletariats?
Welche Position hätte Engels im Streit zwischen Menschewisten und Bolschewisten eingenommen?

Hätten ihn 1914 die Einstellung und das Verhalten der meisten Arbeiter schockiert, die begeistert für ihre Nationen in den Krieg zogen?
[Warum ließen sie als nachdenkende Sozialisten nicht einfach die Kapitalisten in deren Krieg ziehen?]

Hätte er den Krieg begrüßt, weil der den Untergang der Monarchie und der Bourgeoisie beschleunigen musste?

Jede Antwort auf diese Fragen ist reine Spekulation. Schließlich waren diese realen Ereignisse weit entfernt von den Konstruktionen der Marxistischen Theorie und ihren Schöpfern.

Sind Marx und Engels damit als Theoretiker von aller Schuld befreit?

Tragen die beiden keine Verantwortung für Gulags, Schauprozesse, Deportationen, Mauern, und dafür, dass Völkern die Freiheit und das Recht auf eigene Meinungen genommen wurden?

Oder tragen sie eine Mitschuld an den Millionen Opfern jener kommunistischen und sozialistischen Staaten, die im 20. Jahrhundert entstanden?
Die Antwort lautet je nach Standpunkt *"Ja! Aber..."* oder *"Nein! Aber..."*

Drei Ansätze zur Beurteilung:

Erstens
sei der berühmte Kommentar von Karl Marx zitiert, als er den kommunistischen Zirkel seines Schwiegersohns Lafargue in Frankreich kennenlernt: *"Wenn das Marxismus ist, dann bin ich kein Marxist!"*

Meinte Marx das wortwörtlich so? Oder steckte Ironie hinter seiner Äußerung? – Engels und Marx mussten noch selbst erleben, dass ihre Theorien verschiedenen interpretiert [und praktiziert] werden konnten.

Zweitens
beschrieben die beiden keine Details der klassenlosen Gesellschaft, des Paradieses der Werktätigen.

Engels und Marx deuteten nur ein Zweistufenmodell an, nach dem die *Herrschaft des Proletariats* der *klassenlosen Gesellschaft* voranschreitet. Es komme zur *Expropriation der Expropriateure*. Dem ersten niedrigen Stadium einer kommunistischen Herrschaft folge die klassenlose Gesellschaft. In dieser solle jeder *nach seinen Fähigkeiten arbeiten und nach seinen Bedürfnissen leben.*

Weitergehende als diese oft zitierten Bemerkungen zur zukünftigen sozialistischen Gesellschaft verweigerten sie. Denn konkrete Beschreibungen kämen einer Utopie gleich. Ein solcher Sozialismus verlöre das Prädikat *wissenschaftlich.*

Noch weniger sagten Engels und Marx darüber, wie Entscheidungen in diesem Gebilde zustande kommen sollten. Ihr Ideal war die Einheit von Gesellschaft und Staat, [so wie sie die Polis in der Antike interpretierten].

Doch die im 20. Jahrhundert entstehenden sozialistischen Staaten wurden [und werden] von "Königen" regiert, um die herum ein irritierender Personenkult entstanden ist.

George Orwell beschrieb die Folgen in *"Animal Farm"* und *"1984".* Haben sich Engels und Marx diese Auswüchse jemals in ihren schlimmsten Albträumen vorgestellt?

Drittens
befürworteten Marx und Engels auch militärische Gewalt zur Durchsetzung der Revolution. Für Engels ist die Anwendung von Gewalt selbstverständlich:

"Die Geschichte ist die grausamste aller Göttinnen

und sie führt ihren Triumphwagen über Haufen

von Leichen, nicht nur im Krieg, sondern auch in Zeiten `friedlicher` ökonomischer Entwicklung."

Marx und Engels ist pazifistisches Denken fremd, nicht nur als Kindern ihrer Zeit. Hat der historische Materialismus nicht nachgewiesen, dass der soziale Fortschritt durch [letztlich brutale] Klassenkonflikte entstand?

Der Gedanke an Gewaltlosigkeit als Mittel in Konflikten entfaltet sich wirksam erst im 20. Jahrhundert [Mahatma Gandhi, Martin Luther King, ...]. Die Mittel, die eine Bewegung benutzt, prägen letztlich ihre Ziele. Wer auf dem Weg zur vollkommenen [also sozialistischen?] Gesellschaft über Leichen geht, wird sich erstaunt umsehen, wenn er an seinem Endpunkt Halt macht.

Sind Engels und Marx also schuldig oder unschuldig?

Sie
- für ihre Theorien freizusprechen
- und für deren praktische Umsetzung zu verurteilen

bliebe oberflächlich und pauschal.

Wie gerechtfertigt Urteile über Engels und Marx sind, entscheidet allein ihre Qualität.

44° Celsius   Altes Land, Sommer 2044

ISBN   9 783 750498655   228 S. – 8,99 €

E-Book   9 783 752618785

==

Europas rote Gespenster

Band 1   **Friedrich Engels – Der kreative Schatten**

ISBN   9 783752 832730   163 S., 6,99 €

Auch als E-Book   - - - - - - - - - - - - - - - - -

Band 2   **Karl Marx - Genie und Chaot**

ISBN   9 783750   427457   220 S., 7,49 €

Auch als E-Book   - - - - - - - - - - - - - - - - -

Band 3   **General und Mohr – Die siamesischen Zwillinge**

Für 2021 geplant

==

Aus.Ende.Vorbei   -Dystopie-

ISBN   9 783748 140788   Auch als E-Book

==

Das Bernsteinzimmer: September 2001   Die letzten Protokolle

ISBN 9 783751 924450   Auch als E-Book

==

König muss sterben   [Rassismus]

ISBN 9 783753 465197